P. Maximilian Breig

Mehr Mutter als Königin

Die Marienverehrung der heiligen Theresia vom Kinde Jesus

Johannes-Verlag Leutesdorf

Zweite Auflage 1985

Mit kirchlicher Druckerlaubnis

Umschlagbild: „Madonna vom Lächeln“
Durch die Statue wurde die heilige Theresia wunderbar geheilt (1883)

Gesamtherstellung: Druckerei des Johannesbundes e. V.
D-5451 Leutesdorf am Rhein

ISBN 3-7794-0724-8

Zu beziehen durch die *KSM*
Katholische Schriften-Mission, D-5451 Leutesdorf

Bereitung

Die Marienverehrung der Mutter

Nicht nur die heilige Theresia vom Kinde Jesus selbst war eine außergewöhnliche Verehrerin der Heiligsten Jungfrau; schon bei ihrer Mutter, Zélie Martin, geborene Guérin, bemerken wir eine große und überzeugte Hingabe an die Gottesmutter. Man kann sagen, daß tiefe Wurzeln der Verehrung, die Theresia der Heiligen Jungfrau entgegenbrachte, in der Frömmigkeit ihrer Mutter liegen. Zudem empfand Zélie Martin eine besondere Vorliebe für das Gnadenbild der Gottesmutter in der berühmten Pariser Kirche Notre-Dame-des-Victoires, in der später für die kranke zehnjährige Theresia eine Meßnovene für ihre Heilung gefeiert wurde, und in der Theresia aus Anlaß ihrer Reise nach Rom viele innere Tröstungen empfing. Wir werden darauf zurückkommen.

Zehn Jahre vor der Geburt unserer Heiligen schrieb Zélie an ihren Bruder Isidore Guérin, der damals, 22 Jahre alt, in Paris Medizin studierte[1]: „*Wenn Du nur einwilligen wolltest in das, was ich Dir vorschlage; wenn Du es mir als Neujahrsgeschenk machen wolltest, so wäre ich glücklicher, als wenn*

Du mir ganz Paris schenktest. Also: Du wohnst ganz nahe bei der Kirche Notre-Dame-des-Victoires. Geh nur einmal am Tag hinein und bete ein Ave-Maria zur Heiligen Jungfrau. Du wirst sehen, daß sie Dich auf ganz besondere Weise beschützen wird; daß sie Dir in dieser Welt Erfolg und danach ewige Glückseligkeit gibt. Was ich Dir da sage, ist meinerseits keine übertriebene Frömmigkeit, entbehrt auch nicht jeder Grundlage. Ich habe alle Ursache, der Heiligsten Jungfrau zu vertrauen: Durch sie empfing ich Gnaden, die mir allein bekannt sind"[2].

Ein Jahr später, mit noch größerem Drängen: *„Willst Du mir eine Freude machen? Wenn Du zu Madame D. gehst, zünde in Notre-Dame-des-Victoires eine Kerze an. Du erweisest mir auf diese Weise einen großen Dienst. Schäme Dich nicht deswegen! Es kennt Dich übrigens niemand in der Kirche"*[3].

Eine besondere Bedeutung in der Reihe der Marienfeste hatte für Zélie das Fest der Unbefleckten Empfängnis, und zwar bereits zur Zeit vor der Verkündigung des Dogmas von 1854 und den Erscheinungen von Lourdes im Jahre 1858. Rückschauend schreibt sie: *„Mittwoch feiern wir das Fest der Unbefleckten Empfängnis. Das ist ein großes Fest für mich. An diesem Tag hat mir die Heiligste Jungfrau sehr viele besondere Gnaden vermittelt. Frage die Tante, ob sie sich an den 8. Dezember 1851 erinnert? Was mich betrifft, ich habe ihn nie vergessen"*[4]. Damals, noch unverheiratet, hörte Zélie, die in eine Arbeit vertieft war, plötzlich die Worte:

„Laß Alençon-Spitzen verfertigen!" Der Wink des Himmels, als den Zélie diese Weisung ansah, bestimmte ihr Leben weitgehend. Sie widmete sich daraufhin der Herstellung dieser sehr geschätzten und berühmten Spitzen; sie konnte sich dadurch eine Mitgift verschaffen und ihre Zukunft sichern. Später beschäftigte sie auch noch einige Heimarbeiterinnen.

Für den Lebensweg der Mutter der heiligen Theresia ist ein anderes Ereignis, das sie ebenfalls Maria zuschrieb, noch wichtiger, ja letztentscheidend, da ihr im Hinblick auf ihren Lebensgefährten, den Vater der Heiligen, innerlich gesagt wurde: *„Diesen habe ich für dich bereitet."* Es war, als sie ihm auf der Brücke Saint-Léonard in Alençon zum ersten Mal begegnete. Wenn das zutrifft (an der Wahrhaftigkeit der Aussage kann kein Zweifel sein), dann bedeutet dies, daß die Gottesmutter sich Zélie in einer einzigartigen und sehr liebevollen Sorge zuwandte, und daß ihre Ehe von allem Anfang an ganz unter Mariens Schutz und Obhut stand. Man kann dann weiterhin annehmen, daß der ferne Zielpunkt für dieses Eingreifen Mariens die Weckung des Lebens der heiligen Theresia war[5].

Das Fest der Unbefleckten Empfängnis war noch in anderer Hinsicht für Zélie wichtig, wie sie selbst schrieb: *„Ich habe auch den 8. Dezember 1860 nie vergessen, an dem ich unsere himmlische Mutter um eine kleine Pauline bat. Ich kann nicht daran denken, ohne zu lachen; denn ich benahm mich wie ein*

Kind, das seine Mutter um eine Puppe bittet. Ich wollte eine Pauline genau wie die, die ich habe, und war dabei sehr in Sorge, die Muttergottes könne mich nicht recht verstehen, was ich meinte. Das Kind sollte ohne Zweifel, und zwar an erster Stelle, eine schöne Seele haben und fähig sein, eine Heilige zu werden; aber ich wollte auch, daß sie sehr lieb sei. Sie ist zwar kaum hübsch, aber ich finde sie schön, sogar sehr schön; und so wollte ich sie haben. Dieses Jahr gehe ich wieder zur Heiligen Jungfrau, ganz früh, ich will als erste bei ihr sein. Ich gebe ihr wie gewöhnlich meine Kerze, aber ich bitte sie nicht mehr um kleine Mädchen. Ich bete nur, daß die, die sie mir gegeben hat, heilig werden, und daß ich gleich nach ihnen kommen möge; aber sie müssen viel besser sein als ich"[6].

Alle Kinder der Familie Martin, auch die beiden früh verstorbenen Knaben, bekamen als ersten Namen den der Gottesmutter: Maria. So konnte es kaum anders sein, als daß Zélie auch alle Sorgen in der Erziehung ihrer Kinder der himmlischen Mutter anvertraute. Im Jahre 1865 schrieb sie noch einmal an ihren Bruder Isidore in Paris: „*Wenn Du nächsten Freitag, am Fest der Unbefleckten Empfängnis, in Notre-Dame-des-Victoires eine Kerze anzünden könntest, wäre ich Dir sehr dankbar. Ich halte eine Novene, damit meine kleinen Töchter, Léonie und Hélène, gesund werden. Ich flehe Dich an, es mir nicht abzuschlagen*"[7].

Wegen einer kleinen Lüge ihres vierten Kindes, Hélène, das am 22. Februar 1870 im Alter von etwa fünfeinhalb Jahren starb, betrübte sich Mutter Martin sehr. Sie befand sich im Gebet zu Füßen der Statue der Allerseligsten Jungfrau, in Reue darüber, das Kind vor seinem Tod nicht noch zur Beichte geführt zu haben, und fürchtete, es sei im Fegfeuer; da hörte sie die Worte: *„Es ist hier, an meiner Seite“*[8].

Im Jahr 1874 machte sie eine Wallfahrt zur Kirche der Unbefleckten Empfängnis in Sées, um für Léonie die Gnade einer guten Erstkommunion zu erlangen. Im gleichen Jahr schrieb sie über ihre älteste Tochter: *„Ich glaube, Marie soll am 2. Juli Marienkind werden. Es sind nur drei im Pensionat* (von Le Mans), *die diese Auszeichnung erlangen konnten“*[9]. Man kann aus diesen Worten einen berechtigten Stolz heraushören, der aber nicht selbstsüchtig ist, sondern froh, weil die Verbindung der Familie zu Maria hin durch diese Aufnahme in die Kongregation enger wurde. Und ihre Tochter Pauline ermahnte sie: *„Bete mit Glauben zur Mutter der Barmherzigkeit! Sie wird uns mit der Güte und Milde der zärtlichsten Mutter zu Hilfe kommen“*[10].

Als Zélie ihre Schwester im Heimsuchungskloster von Le Mans, Schwester Maria-Dosithée, Anfang Januar 1877 besuchte, weil diese auf den Tod krank war (sie starb am 24. Februar dieses Jahres), war vor allem Léonie, ihr schwierigstes Kind, wieder Gegenstand der Sorge. Mutter Martin berichtet selbst über diesen Besuch. Ihr ganzes Temperament, aber auch ihre Hingabe an die Gottesmutter kommen dabei zum Ausdruck: *„Ich habe meiner Schwester auch Aufträge für den Himmel gegeben, und zwar folgende: Sobald Du im Paradies bist, gehst Du zur Heiligsten Jungfrau und sagst ihr: ‚Meine gute Mutter, du hast meiner Schwester da einen schönen Streich gespielt, als du ihr die arme Léonie schenktest; um ein solches Kind hatte sie dich nicht gebeten; du mußt die Sache wieder in Ordnung bringen.' ... Sie hat mit mir geschimpft, weil ich so sprach; aber ich hatte dabei keine schlechte Absicht; Gott weiß es wohl"*[11].

Mit diesen kurzen Strichen ist längst nicht erschöpft, was über die Marienverehrung von Zélie Martin zu sagen wäre. Je mehr sie ihr frühes Ende herannahen fühlte, desto mehr hatte sie das Bedürfnis, ihre Zuflucht zu Maria zu nehmen, um durch ihre Fürbitte die gute Entwicklung ihrer Kinder gewährleistet zu wissen. Hand in Hand damit ging die Vorbereitung und Durchführung einer Wallfahrt nach Lourdes, durch die eine Heilung von ihrem Brustkrebs-Leiden erfleht werden sollte. Doch die Hoffnung auf ein Wunder, die man hegte, ging nicht in Erfüllung. Nur zwei Monate trennten Zélie noch von der Stunde ihres Todes. Sie schrieb: *„Ich nehme an, daß Ihr Euch Sorge macht wegen meiner Reise. Wie gerne hätte ich Euch ein frohes Telegramm geschickt! Aber leider bin ich nicht geheilt, im Gegenteil: Die Reise hat die Krankheit verschlimmert. Doch bin ich keineswegs verzweifelt. Ich glaube, daß ich gesund werde. Dieser Gedanke kam mir beim Abschied von der Grotte ..."*[12].

Ende Juli 1877 schrieb die älteste Tochter Marie an Onkel und Tante Guérin über die Mutter: „*Vor 14 Tagen betete sie noch auf meinem Zimmer den ganzen Rosenkranz auf den Knien vor der Madonna, die sie so gern hat. Da ich sah, wie krank sie war, wollte ich, daß sie sich dabei setze; aber das war vergebliche Mühe*"[13]. Und etwa zwei Wochen vor ihrem Tod ist Zélie sich darüber klar, daß auf keine Heilung mehr zu hoffen ist. In ihrem letzten Brief schrieb sie: „*Vor zwei Tagen habe ich eine Waschung mit Lourdeswasser gemacht; danach bekam ich sehr große Schmerzen, besonders unter dem Arm. Es ist klar, daß die Heiligste Jungfrau mich nicht heilen will ... Was tun? Wenn die Heiligste Jungfrau mich nicht heilt, dann, weil meine Zeit um ist und Gott will, daß ich mich anderswo als auf Erden ausruhe ...*"[14].

Das alles müßte, wie angedeutet, noch ausführlicher geschildert werden. Das hier Gesagte soll jedoch genügen, um klarzumachen, wie auch Zélies jüngstes Kind, die heilige Theresia, von Maria erfleht wurde und von Anfang an ihr geweiht war, und in welcher Atmosphäre selbstverständlicher Marienliebe sie heranwuchs. Mit ihrem guten Gedächtnis hat Theresia die frühesten Ereignisse ihrer Kindheit festgehalten; und so ist es sicher, daß der mütterliche Einfluß gerade auch hinsichtlich der Marienverehrung für Theresia entscheidend war. Schon von hier aus versteht man, daß die Verehrung der Gottesmutter im Leben der Heiligen von Lisieux einen ganz großen und bedeutsamen

Platz einnimmt. Von der frühesten Kindheit an spannt sich dieser Bogen bis hin zu ihrem letzten und größten Gedicht *„Pourquoi je t'aime, Marie"*, *„Warum ich dich liebe, Maria"*, in dem sie alle ihre Gedanken über die Gottesmutter zusammzufassen und all ihrer Liebe zu ihr Ausdruck zu geben versuchte[15].

O Maria,
wenn ich die Königin des Himmels wäre
und du Theresia wärest,
dann wollte ich Theresia sein,
damit du die Königin des Himmels seiest.

Letzter Autograph
der heiligen Theresia,
8. September 1897

Die Marienverehrung des Vaters

Wenn wir auch über die Marienverehrung des Vaters Louis Martin weniger Zeugnisse als über die der Mutter anführen können, so steht dennoch fest, daß auch er mit großer Liebe auf Maria schaute. Die Hefte, in die er seine Lesefrüchte niederschrieb, beendete er mit den Worten: „*Ehre dem Allmächtigen und der Jungfrau Maria!*", ähnlich wie bereits sein Vater, der Großvater der heiligen Theresia, Hauptmann Pierre Martin, sich nicht scheute, seine Briefe mit den Worten zu beschließen: „*Ganz der Eure in Jesus und Maria*"[16].

Auch Vater Martin fand während seiner Lehrzeit in Paris hin zum Heiligtum Notre-Dame-des-Victoires und besuchte es häufig. Man kann annehmen, daß es Absicht der Gottesmutter war, beide Elternteile mit diesem Gnadenort in Verbindung zu bringen. Als er dann in Alençon mit Hilfe einer frommen Dame sein Uhrmacher- und Juweliergeschäft eingerichtet hatte, schenkte diese ihm noch jene Madonnenstatue, die als „*Unsere Liebe Frau vom Lächeln*" im Leben der heiligen Theresia einen ganz besonderen Platz finden sollte. Sicher wäre Félicité Baudouin nicht auf den Gedanken an ein solches Geschenk gekommen, hätte sie nicht die Liebe gekannt, die Herr Martin für die Himmelskönigin hegte. Vater Martin stellte die Statue zunächst im Freien auf am Ende einer kleinen Allee beim sogenannten Pavillon, einem kleinen, turmähnlichen Gebäude, in dem er in seiner Freizeit zu meditieren und zu lesen pflegte. Später wurde die Statue in die Wohnung der Familie Martin gebracht und bildete dort gleichsam den Mittelpunkt des geistlichen Lebens.

Der Gedanke an die Reinheit und Jungfräulichkeit Mariens stand für Vater Martin sehr im Blickfeld, als er sich zu Beginn seiner Ehe mit seiner jungen Frau entschloß, nach dem Beispiel der Gottesmutter und des heiligen Joseph jungfräulich zu leben. Wir besitzen noch eine Notiz von seiner Hand, in der er auf dieses jungfräuliche Verhältnis anspielte und sagte, daß es *„in einer vollkommeneren Weise die keusche und ganz geistliche Verbindung Jesu Christi mit seiner Kirche"* darstelle. Freilich, etwa zehn Monate nach dem Eheabschluß wurden die Gatten dann doch durch maßgebende Ratschläge veranlaßt, ihre erste Ausrichtung zu ändern. Von da an beseelte sie der Wunsch, den Zélie schon damals empfand, als sie nicht in die Gemeinschaft der Vinzentinerinnen aufgenommen wurde, dem Herrn zahlreiche Kinder zu schenken, die ihn lieben sollten[17].

Später sehen wir den Vater immer wieder an Wallfahrten zu Ehren der Gottesmutter teilnehmen. Im Mai 1872 berichtet die Mutter in einem Brief: *„Dienstagmorgen um 5 Uhr ist Louis mit sechs Herren aus der Stadt zu einer Wallfahrt nach Chartres aufgebrochen. Gestern kamen sie zurück. Es waren ungefähr 20 000 Männer zu Füßen der*

Madonna; es scheint großartig gewesen zu sein"[18].
Im folgenden Jahr zog es ihn wieder nach Chartres, und im Oktober schrieb die Mutter: *„Mein Mann ist mit der Diözesanpilgerfahrt in Lourdes gewesen und hat uns zwei Steinchen mitgebracht aus dem Felsen, der einige Meter von dem der Erscheinung entfernt ist"*[19].
Nach der Übersiedlung nach Lisieux nahm Vater Martin an den jährlichen Wallfahrten teil, die von der Diözese Bayeux und Lisieux aus veranstaltet wurden. Besonders bemerkenswert ist noch jene Wallfahrt, die er mit seinen Töchtern Léonie, Céline und Thérèse im Jahre 1887 nach Notre-Dame de Grâce unternahm, um dort von Maria den Eintritt Theresias in den Karmel zu erbitten. Dieses kleine, idyllisch gelegene Heiligtum, das er auch sonst in privater Weise aufsuchte, liegt bei Honfleur an der Côte de Grâce, der Gnadenküste, nur etwa 30 Kilometer von Lisieux entfernt. Es geht bereits auf das Jahr 1000 zurück; Richard II., Herzog der Normandie, hatte die Wallfahrtskirche gelobt, als er in Seenot geraten war. Dort hatten auch die beiden jungen Frauen Gosselin im Jahre 1830 die Gründung eines Karmels in Lisieux von der Gottesmutter erfleht.

Die Statue
„Unsere Liebe Frau vom Lächeln"

Um nun nach diesem Blick auf die Eltern die Marienverehrung der heiligen Theresia besser verstehen zu können, empfiehlt es sich, kurz etwas über die Statue der Gottesmutter zu sagen, durch die Theresia ihre wunderbare Heilung zuteil wurde. Dieses Gnadenbild (so dürfen wir es nennen) begleitete Theresia nicht nur durch ihre Jugend, sondern bis hin zu ihrem Sterben im Karmel.

Es handelt sich dabei nicht um eine Originalstatue, sondern um eine Nachbildung aus Gips. Die Originalstatue war das Werk des *„Bildhauers des Königs"*, Bouchardon, und war in Silber getrieben. Bouchardon war noch kaum bekannt, als der Doktor der Sarbonne, Messire Jean-Baptiste Languet de Gergy, ihn veranlaßte, die Kirche Saint-Sulpice in Paris mit verschiedenen Werken auszustatten, darunter auch mit dieser Statue der Heiligen Jungfrau, die dann in vergoldetem Silber geschaffen wurde. Am 20. März 1735 wurde das Bild in einem Festzug von den Theatinern nach Saint-Sulpice gebracht und dort in der Kapelle der Heiligen Jungfrau aufgestellt. Weil dafür aber siebenundachtzigeinhalb Kilo Silber verwendet worden waren, fürchtete man einen Raub durch Diebe. Die Statue wurde deswegen schon nach einem Jahr von ihrem Platz entfernt und nur noch am 8. Dezember, am Gründonnerstag und bei der Prozession am 15. August gezeigt. Obwohl man sie auf diese Weise zu schützen versuchte, wurde sie dann doch das Opfer von Plünderung in der Revolution und verschwand in deren Stürmen. Als Erinnerung an sie blieb nur ein sehr schöner Kupferstich aus dem Jahr 1744. Nach diesem Stich ließ Curé de Pierre eine zweite Silberstatue in bescheideneren Maßen anfertigen, die im Jahre 1832 geweiht wurde. Sie ist für gewöhnlich in der Sakristei unter Verschluß, wird aber am Fest der Aufnahme Mariens in den Himmel und an den anderen großen Marienfesten zur Verehrung ausgestellt.

Was nun die Statue der Familie Martin angeht, so stammt sie als Nachbildung wohl auch aus dieser Zeit. Sie zeigt einige Beifügungen, die man in Saint-Sulpice nicht findet: den Erdball, auf dem Maria steht, unter ihren Füßen die höllische Schlange. Dennoch kann man diese Statue als eine gute Nachbildung des Meisterwerkes von Bouchardon ansehen, auch wenn sie das Original nur unvollkommen wiedergibt. Mit Recht wird hervorgehoben, daß auch bei der Nachbildung das Gesicht der Gottesmutter von erlesener Frische ist und Sammlung und Reinheit ausstrahlt. Dieses Gesicht sollte sich bei der Heilung der heiligen Theresia auf wunderbare Weise beleben und in himmlischem Licht aufstrahlen[20].

In Alençon wurde die Statue, nachdem sie vom „Pavillon" zur Wohnung der Familie Martin gebracht worden war, im Zimmer der ältesten Tochter

Marie aufgestellt. Als diese einmal wegen der Enge des Raumes bemerkte: „*Es ist wie in der Schule; man müßte etwas Kleineres und etwas Feineres haben*", bemerkte die Mutter energisch: „*Solange ich lebe, kommt diese Statue von hier nicht fort.*" Vor der Muttergottesstatue fand das Morgen- und Abendgebet der Familie statt, und im Monat Mai wurde sie festlich geziert und geschmückt.

Nach dem Tod der Mutter war es selbstverständlich, daß die Statue nach Lisieux mitgenommen wurde, wo sie in den Buissonnets die gleiche Hochschätzung erfuhr wie zuvor in Alençon. Sie wurde später besonders von Céline mit Rücksicht auf die wunderbare Heilung Theresias sehr in Ehren gehalten. Als Céline selbst nach dem Tod des Vaters in den Karmel eintrat, brachte sie die Statue dorthin mit. Sie berichtet selbst: „*Die Statue der Heiligen Jungfrau, die sich anläßlich ihrer wunderbaren Heilung belebt hatte, um ihr (Theresia) zuzulächeln, war ihr ganzer Trost. Als man bei meinem Eintritt in den Karmel diese Statue brachte, begab sich Theresia an die Klosterpforte, um sie in Empfang zu nehmen. Sie ergriff sie mit einer raschen Bewegung, preßte sie voll Liebe an sich und trug sie fort mit einer Leichtigkeit, als hebe sie eine Feder auf; und doch war die Statue sehr schwer. Die anwesenden Schwestern blieben erstaunt und erbaut zurück. Seither sah ich sie viele Male zu ihren Füßen niederknien und mit großer Inbrunst beten. Während ihrer letzten Krankheit wurde die Statue ihrem Bett gegenüber aufge-*

stellt. Ohne Unterlaß blieb ihr Blick darauf gerichtet"[21]. Am 8. Juli 1897, an dem Tag, an dem Theresia endgültig in die Krankenabteilung des Karmels übersiedelte, wünschte sie sich, daß man die Statue der *„Jungfrau vom Lächeln"* in ihrer Nähe aufstelle, nachdem sie zuvor schon vor ihrer Zellentür Aufstellung gefunden hatte[22].

Auf zwei andere Ereignisse aus dem Leben der heiligen Theresia, die mit der Statue in Verbindung stehen, darf noch hingewiesen werden. Von ihrer Schwester Pauline, die als Mutter Agnes von Jesus Priorin des Karmels von Lisieux geworden war, hatte Theresia den Auftrag erhalten, ihre Kindheitserinnerungen niederzuschreiben, die dann später durch die Erinnerungen an ihre Jahre im Kloster ergänzt wurden. Es handelt sich um die *„Geschichte einer Seele"* beziehungsweise die *„Selbstbiographischen Schriften"* der Heiligen, die in der Welt eine außerordentliche Verbreitung gefunden haben. *„Bevor ich zur Feder griff"*, berichtet sie, *„bin ich vor der Statue Mariens niedergekniet (vor jener, die uns so viele Beweise der mütterlichen Vorliebe der Himmelskönigin für unsere Familie geschenkt hat), und habe sie angefleht, meine Hand zu führen, damit ich keine Zeile schreibe, die ihr nicht angenehm wäre"*[23]. Der wunderbare Duft, der in diesen Schriften zu finden ist, weist also über die Schreiberin hinaus und ist vom Einstrom der Gnadenvermittlung Mariens mitgetragen.

Das weitere wichtige Ereignis, das mit der Statue in Zusammenhang steht, ist dieses: Am 9. Juni 1895, am Fest der Allerheiligsten Dreifaltigkeit, empfing Theresia während der heiligen Messe die Anregung, „*sich der Barmherzigen Liebe Gottes als Brandopfer darzubringen, um in ihrem Herzen all die Liebe aufzunehmen, die von den Geschöpfen, an die Er sie verschwenden wollte, verschmäht wurde*"[24]. Sie zog sofort ihre Schwester Céline ins Vertrauen. „*Sie werde ihre Gedanken schriftlich festhalten, sagte sie mir, und einen Weiheakt verfassen. Zwei Tage später knieten wir gemeinsam vor der wundertätigen ‚Maria vom Lächeln', die damals neben ihrer Zelle aufgestellt war, und Therese sprach das Weihegebet für uns beide. Es war Dienstag, der 11. Juni*"[25]. Also auch diese für den inneren Weg Theresias entscheidend wichtige Weihehingabe, die gleichsam den Höhepunkt ihres geistlichen Lebens darstellt, war damit unter den Schutz Mariens gestellt und stand mit der Statue in Zusammenhang. Diese Verbindung ist zugleich ein Sinnbild dafür, daß das ganze Leben Theresias in der Nähe Mariens verlief und ohne eine innige Marienverehrung überhaupt nicht denkbar ist.

Entfaltung

Anfänge der Marienliebe

Schwester Martha von Jesus, eine Mitnovizin der heiligen Theresia, bezeugte im Seligsprechungsprozeß: „*Ich bin immer ganz besonders beeindruckt gewesen von der großen Liebe der Schwester Theresia vom Kinde Jesus für die Heilige Jungfrau. Wenn sie bei diesem Kapitel war, hielt sie nicht mehr ein*"[26]. Kein Wunder, denn sie betrachtete sich als Maria ganz zugehörig, wie sie es etwa in dem von ihr entworfenen Wappen zum Ausdruck bringt: „*Das Wappenschild FTM ist das von Marie-Françoise-Thérèse, die kleine Blume der Heiligen Jungfrau; diese kleine Blume ist deshalb dargestellt, wie sie die wohltuenden Strahlen des milden Morgensterns empfängt*"[27].

Man muß annehmen, daß diese besondere Liebe nicht so sehr von Theresia ausging, sondern daß sie ihr vielmehr von oben her eingegeben war. Wenn die Frage gestellt wurde: „*Hat es jemals eine heilige Seele gegeben, die sich so sehr mit der Jungfrau identifiziert hat wie Theresia vom Kinde Jesus?*"[28], und wenn diese Frage sinngemäß mit einem klaren „Nein" beantwortet werden will, dann kann man das nicht anders erklären, als daß die Liebe Mariens zu Theresia der Liebe Theresias zu Maria zuvorkam und ein unsichtbares Lächeln der Gottesmutter in der Ewigkeit jenem sichtbaren Lächeln vorausging, durch das Theresia als Kind von schwerer Krankheit geheilt wurde. Jenes unsichtbar gebliebene Lächeln war das umfassendere und bestimmendere und bezog sich nicht nur auf die Wiederherstellung der Gesundheit, sondern auf das ganze Sein Theresias und auf die Entfaltung ihres heiligen Lebens.

Die erste Gegenliebe auf die zuvorkommende Liebe Mariens wurde bald sichtbar. Ihre Schwester Céline bezeugte im Heiligsprechungsprozeß: *„Die kleine Therese war noch nicht vier Jahre alt, als sie bereits ihrer Freude Ausdruck gab, vor dem Altar Mariens zu beten. Sie klatschte in die Hände und hüpfte vor Freude, wenn sie dort viele Blumen sah. Später bereitete sie gern selbst ihren Marienmonat mit vielen Blumen und Lichtern"*[29], wie sie es auch selbst berichtet: *„Da ich zu klein war, um in die Maiandacht zu gehen, blieb ich bei Victoire* (dem Dienstmädchen) *und hielt mit ihr Maiandacht vor meinem eigenen Maialtärchen, das ich nach meinem Geschmack hergerichtet hatte"*[30]. Ihr ganzes Leben hindurch feierte Theresia den Mai als Marienmonat, so daß sie noch wenige Wochen vor ihrem Tod sagen konnte: *„Mein Herz war heute ganz von himmlischer Freude erfüllt ... Gestern abend flehte ich innig zur Gottesmutter, weil ich mich freute, daß wir nun den ihr geweihten Monat begehen"*[31].

Auch ihre Erstbeichte lenkte sie auf Maria hin: *„Ich erinnere mich, daß der erste Zuspruch, den ich er-*

hielt, mich besonders zur Verehrung der Muttergottes aufforderte, und ich nahm mir vor, sie doppelt zärtlich zu lieben"[32].

Es war in dem Kind jedoch noch etwas Tieferes vor sich gegangen. Theresia erzählt davon in dem Bericht über ihren Besuch der Kirche Notre-Dame-des-Victoires in Paris, zu der sie aus Anlaß ihrer Romreise kam, und über das Gebet, das sie dort verrichtete (es wird später davon noch einmal die Rede sein): *„Mit welcher Inbrunst flehte ich sie doch an, mich immerdar zu behüten und meinen Traum bald zu verwirklichen, indem sie mich im Schatten ihres jungfräulichen Mantels bärge! ... Oh! das war ja einer meiner ersten Kinderwünsche gewesen ..."*[33].

Einer der ersten Wünsche ihres Lebens, deren sie sich überhaupt erinnert, ist also: sie möchte im Schatten des jungfräulichen Mantels der Gottesmutter geborgen sein. Wenn man auch annehmen muß, daß es sich dabei nicht so sehr um eine geistig voll entfaltete Erkenntnis handelte, als vielmehr um ein intuitives Fühlen und Hingezogensein, so zeigt eben gerade dieser Wunsch in einem solch frühen Alter, daß die Gnade ihrer eigenen, selbständigen Überlegung zuvorkam, um in ihr die Ausrichtung auf die Gottesmutter im frühest möglichen Augenblick zu sichern.

Es ist aufschlußreich, sich hier schon an einen der letzten Aussprüche Theresias über ihre Beziehung zu Maria zu erinnern, um sich die Tiefe dieser Beziehung und die gleichbleibende Hingabe an die Gottesmutter klarzumachen. Als sie da einmal sagte:

„Man könnte meinen, die Engel wären übereingekommen, sich schirmend vor das Licht zu stellen, das mir mein baldiges Ende anzeigen könnte", und sie dann gefragt wurde: *„Haben sie auch die Gottesmutter verdeckt?"*, antwortete sie: *„Nein, die Allerseligste Jungfrau wird für mich niemals verborgen bleiben, denn ich liebe sie zu sehr"*[34]. Angetrieben von der Liebe, schaut Theresia also immer auf Maria; und ihre Liebe ist so groß, so durchdringend, daß nichts sie verdecken kann. Die ihr von oben her eingegossene Liebe ist ihr Erkenntnisprinzip und der Grund ihrer Klarsichtigkeit. *„Liebe selbst ist schon ein Wissen"*[35].

Die Heilung durch die Gottesmutter

Gegen Ende des Jahres 1882 wurde Theresia von einem ständigen, zunächst leichten Kopfweh befallen, das niemanden ihretwegen beunruhigte. Um Ostern 1883 jedoch wurde sie von einem seltsamen Zittern heimgesucht. Der Arzt war der Meinung, es handle sich um eine sehr schwere Krankheit, von der ein Kind dieses Alters noch nie befallen worden sei. Es war unmöglich, Theresia aus dem Haus ihres Onkels, wo sie sich zu jener Zeit befand, ins väterliche Haus, in die Buissonnets, zu bringen. Zu ihrer großen Freude konnte sie jedoch die Einkleidung ihrer Schwester Pauline am 6. April im Karmel miterleben und kam an diesem Tage auch wieder nach Hause. „*Bei der Ankunft in den Buissonnets wurde ich ins Bett gesteckt gegen meinen Willen, denn ich behauptete, völlig geheilt zu sein und keiner Pflege mehr zu bedürfen. Leider war ich erst am Anfang meiner Prüfung! ... Tags darauf bekam ich einen Rückfall, und die Krankheit wurde so schlimm, daß ich nach menschlichem Ermessen nicht mehr genesen sollte... Ich weiß nicht, wie ich eine so seltsame Krankheit beschreiben soll. Heute bin ich überzeugt, daß sie das Werk des bösen Geistes war*“[36].

Die genaue Schilderung ihres Zustandes findet man in den „*Selbstbiographischen Schriften*“[37]. Es soll hier nur wiedergegeben werden, was sich auf das Eingreifen der Seligsten Jungfrau bezieht: „*Meine*

Hauptbeschäftigung bestand darin, aus Maßliebchen und Vergißmeinnicht für die Mutter Gottes Kränze zu winden; wir waren im schönen Maimonat, die ganze Natur schmückte sich mit Blumen und atmete Frohsinn, nur die ‚kleine Blume' siechte dahin und schien für immer welk . . . Eine Sonne freilich hatte sie bei sich, diese Sonne war die wundertätige Statue der Muttergottes, die zweimal zu Mama gesprochen hatte. Oft, gar oft wandte die kleine Blume ihren Kelch zu diesem gebenedeiten Gestirn . . . Eines Tages sah ich Papa in Maries Zimmer treten, in dem ich lag. Mit einem tieftraurigen Ausdruck gab er ihr mehrere Goldstücke und bat sie, nach Paris zu schreiben, damit man in Unserer Lieben Frau vom Siege Messen lese für die Heilung seines armen Töchterchens. Oh! wie war ich bewegt, als ich den Glauben und die Liebe meines geliebten Königs sah! Wie gern hätte ich ihm sagen wollen, ich sei geheilt, aber ich hatte ihm schon genug trügerische Freuden bereitet. Nicht meine Wünsche konnten ein Wunder bewirken, denn ein solches war nötig, um mich zu heilen. Ein Wunder war nötig, und Unsere Liebe Frau vom Siege hat es gewirkt. Eines Sonntags (Pfingstsonntag, 13. Mai 1883, innerhalb der Meßnovene) *ging Marie in den Garten und ließ mich mit Léonie zurück, die am Fenster las. Nach einigen Minuten begann ich ganz leise: ‚Mama . . . Mama' zu rufen. Léonie, daran gewöhnt, mich immer in dieser Weise rufen zu hören, achtete nicht auf mich. Das dauerte eine ganze Weile. Nun rief ich lauter, und endlich kam Marie zurück; ich sah sie deutlich eintreten, aber ich konnte nicht sagen, daß ich sie erkannte, und fuhr fort, immer lauter zu rufen: ‚Mama ...' Ich litt sehr unter diesem zwangshaften und unerklärlichen Kampf, und Marie litt dabei vielleicht noch mehr als ich. Nach vergeblichen Versuchen, mir deutlich zu machen, daß sie bei mir sei, kniete sie mit Léonie und Céline neben meinem Bett nieder, wandte sich dann zur Muttergottes und flehte sie mit der Inbrunst einer Mutter an, die um das Leben ihres Kindes bittet. Marie erhielt, was sie begehrte ...*

Da sie auf Erden keinerlei Hilfe fand, hatte sich auch die arme kleine Theresia ihrer himmlischen Mutter zugewandt und bat sie aus ganzem Herzen, sich doch endlich ihrer zu erbarmen ... Plötzlich schien mir die Muttergottes schön, so schön, daß ich nie Schöneres gesehen hatte; ihr Antlitz atmete unaussprechliche Güte und Zärtlichkeit; was mir aber bis ins Innerste der Seele drang, das war das ‚bezaubernde Lächeln der Seligsten Jungfrau'. Da zerstoben alle meine Leiden, zwei dicke Tränen entquollen meinen Augen und rollten lautlos über meine Wangen; aber es waren Tränen ungetrübter Freude ... Oh! dachte ich, die Seligste Jungfrau hat mir zugelächelt, was bin ich glücklich ..., aber nie will ich es jemandem erzählen, denn sonst würde mein Glück verschwinden. Ohne jede Anstrengung senkte ich die Augen und sah Marie, die mich mit Liebe anblickte; sie schien bewegt, schien etwas von der Gnade zu ahnen, die mir die Muttergottes ge-

währt hatte ... Ja, ihr, ihren ergreifenden Gebeten verdankte ich die Gnade des Lächelns der Himmelskönigin. Als sie meinen Blick unverwandt auf die Statue gerichtet sah, hatte sie sich gesagt: ‚Therese ist geheilt!' Ja, die kleine Blume sollte neu aufleben; der leuchtende Strahl, der sie erwärmt hatte, sollte wohltuend weiterwirken; nicht mit einem Schlag wirkte er, sondern sanft, milde richtete er seine Blume wieder auf und kräftigte sie dergestalt, daß sie fünf Jahre später auf dem fruchtbaren Berg des Karmels sich entfalten konnte"[38].

Dieser Bericht spricht in seiner Einfachheit und Schönheit für sich selbst. Auch gibt die Art, wie Theresia hier von sich selbst in der dritten Person erzählt, den Eindruck einer großen Wahrhaftigkeit. Allerdings wird man erkennen müssen, daß es der Gottesmutter, wenn man nach deren Absichten mit Theresia frägt, nicht nur darum ging, sie von der Krankheit zu heilen, sondern noch mehr, um den Grund einer tiefen Demut im Herzen Theresias zu legen; es ging ihr um die Schaffung einer Haltung der Seele, die ihrer eigenen ähnlich sein sollte. Wir dürfen dem weiteren Bericht Theresias und der Deutung, die sie ihm gibt, vollen Glauben schenken.

Nachwirkungen des Wunders

„Wie gesagt, Marie hatte erraten, daß mir die seligste Jungfrau irgendeine verborgene Gnade gewährt hatte. Als ich daher mit ihr allein war und sie mich fragte, was ich gesehen hätte, vermochte ich ihren liebevollen und drängenden Fragen nicht zu widerstehen; erstaunt, mein Geheimnis entdeckt zu sehen, ohne daß ich es selbst enthüllt hätte, vertraute ich es meiner lieben Marie vollständig an ... Ach! wie ich es geahnt hatte, sollte mein Glück bald schwinden und sich in Bitterkeit wandeln; vier Jahre lang war die Erinnerung an die unaussprechliche Gnade, die ich empfangen hatte, für mich eine wahre Seelenpein. Erst zu Füßen Unserer Lieben Frau vom Siege (am 4. November 1887) *sollte ich mein Glück wiederfinden; dann aber wurde es mir in seiner ganzen Fülle zurückgegeben ... Auf diese zweite Gnade werde ich später zurückkommen. Nun muß ich Ihnen berichten, meine geliebte Mutter, wie meine Freude sich in Trauer wandelte. Nachdem Marie meinen naiven und offenherzigen Bericht über ‚meine Gnade' vernommen hatte, bat sie mich um Erlaubnis, sie im Karmel zu erzählen; ich konnte nicht nein sagen ... Bei meinem ersten Besuch in diesem geliebten Karmel war ich voll Freude, meine Pauline im Kleid der Seligsten Jungfrau zu sehen. Es war ein süßer Augenblick für uns beide... Soviel gab es einander zu sagen, daß ich schließlich*

nichts zu sagen vermochte; mein Herz war allzu voll ... Die gute Mutter M. de Gonzague war ebenfalls zugegen und gab mir tausend Beweise der Zuneigung. Ich sah noch andere Schwestern, und vor ihnen stellte man mir Fragen über die Gnade, die ich empfangen hatte: ob die Seligste Jungfrau das Jesulein trug, oder auch, ob viel Licht dagewesen sei, und so fort ... All diese Fragen verwirrten mich und taten mir weh; ich konnte nur das Eine sagen: ‚Die Seligste Jungfrau war mir sehr schön vorgekommen, und ich hatte gesehen, daß sie mir zulächelte.' Ihr Antlitz allein hatte mich beeindruckt. Als ich deshalb sah, daß die Karmelitinnen sich etwas ganz anderes vorstellten (es begann auch schon meine Seelenpein hinsichtlich meiner Krankheit), so glaubte ich, gelogen zu haben ... Gewiß, hätte ich mein Geheimnis gewahrt, so hätte ich auch mein Glück bewahrt; aber die Muttergottes ließ diese Qual zum Besten meiner Seele zu. Vielleicht wären mir sonst eitle Gedanken gekommen; da nun aber die Demütigung mein Teil wurde, konnte ich mich nicht ohne ein Gefühl tiefen Abscheus betrachten ... Ach! was ich gelitten habe, werde ich erst im Himmel aussprechen können! ...“[39].

Man kann an das Wort der großen heiligen Teresa von Avila denken: „*Es gibt keinen Fortschritt in der Demut, außer um den Preis der Demütigung*“[40]. Sicher wurde Theresia aus diesem Anlaß nicht durch andere von außen her gedemütigt; aber das falsche Urteil, das sich in dem Kind durch die nicht sehr geschickt gestellten Fragen bildete, nämlich gelogen zu haben, war für sie eine echte und große Demütigung. Sie deutet auch den Sinn dieser Zulassung sicher richtig, wenn sie sagt: *„Die Gottesmutter ließ diese Qual zum Besten meiner Seele zu. Vielleicht wären mir sonst eitle Gedanken gekommen."* Die durch über vier Jahre anhaltende Qual bewirkte (wobei andere mitwirkende Ursachen nicht ausgeschlossen sind), daß Theresia später über sich sagen konnte: *„Die Erinnerung an meine Fehler demütigt mich, veranlaßt mich, mich nie auf meine eigene Kraft, die nur Schwachheit ist, zu stützen"*[41]. *Und* noch in ihrem Sterben: *„Ja, ich habe die Herzensdemut begriffen"*[42].

Am Erstkommuniontag

Diese inneren Kämpfe waren aber nicht so, daß sie alle anderen Regungen verschlungen hätten. Dafür war Theresia ein viel zu fröhlicher Mensch. Ihre Liebe zu Maria war durch die wunderbare Heilung, durch das Lächeln der Jungfrau, außerordentlich gewachsen, wie es ja nicht anders sein konnte. Die Liebe Mariens zu Theresia war im wirklichen Sinn so sichtbar geworden, daß eine vertrauensvolle Liebe Antwort geben mußte.

Über eine Weihe, die nach alter und schöner Gewohnheit am Tag der Erstkommunion abgelegt wurde, berichtet die Heilige: *„Am Nachmittag war ich es, die den Weiheakt an die Seligste Jungfrau vorbetete; es war schon richtig, daß ich, die ich so früh meine irdische Mutter entbehren mußte, im Namen meiner Gefährtinnen zu meiner himmlischen Mutter redete ... Mit meinem ganzen Herzen redete ich zu ihr, weihte mich ihr, so wie ein Kind sich in die Arme seiner Mutter wirft und sie um ihre Obhut bittet. Mir scheint, die Mutter Gottes mußte ihre kleine Blume anschauen und ihr zulächeln; war nicht sie es, die sie durch ein sichtbares Lächeln geheilt hatte? ... Hatte sie nicht in den Kelch ihrer kleinen Blume ihren Jesus gelegt, die Blume der Felder, die Lilie des Tales?"*[43].

Céline berichtet dazu noch: *„Bei ihrer ersten heiligen Kommunion faßte sie den Entschluß, jeden*

Tag ein ‚Gedenke' zu beten, was sie ihr ganzes Leben lang getreulich tat. Später, in den Buissonnets, betete sie täglich den Rosenkranz. Aber diese äußeren Übungen waren nur ein schwacher Widerschein der Vertrautheit Thereses mit ihrer geliebten Mutter, die sie Mama nannte"[44].

„Ganz allein um der Muttergottes willen“

Mit dreizehn Jahren verließ Theresia die Abteischule der Benediktinerinnen. Durch Privatunterricht wurde ihre Ausbildung vervollständigt. In diese Zeit fällt, was Theresia *„ganz allein um der Muttergottes willen“* tat, was sie auch nach dem Zeugnis ihrer Schwester Céline *„äußerst viel kostete“*[45] und was am 31. Mai 1886 zur Aufnahme in die Schar der *„Marienkinder“* führte.

„Fast unmittelbar nach meinem Eintritt in die Abteischule war ich in die Vereinigung von den Hl. Engeln aufgenommen worden; (...) Einige Zeit nach meiner ersten Kommunion ersetzte das Aspiranten-Band der Marienkinder das der Hl. Engel; Aber ich verließ die Abtei, ohne in die Vereinigung der Seligsten Jungfrau aufgenommen worden zu sein. Da ich die Schule vor dem Abschluß meiner Ausbildung verlassen hatte, war ich nicht berechtigt, als ehemalige Schülerin einzutreten. Ich gestehe, daß dieses Vorrecht mich nicht sonderlich lockte; aber beim Gedanken, daß alle meine Schwestern ‚Marienkinder‘ gewesen waren, fürchtete ich, nun in geringerem Maß das Kind meiner himmlischen Mutter zu sein, und so ging ich recht demütig hin und bat (obwohl mich das einiges kostete), in die Vereinigung der Seligsten Jungfrau an der Abtei aufgenommen zu werden. Die Schulvorsteherin wollte mich nicht zurückweisen, machte aber zur

Bedingung, daß ich an zwei Nachmittagen in der Woche zurückkehrte, um zu beweisen, daß ich der Zulassung würdig sei. Weit entfernt, mir Freude zu machen, kostete mich diese Erlaubnis ungemein; ich hatte ja nicht wie die anderen ehemaligen Schülerinnen eine Lieblingslehrerin, mit der ich mehrere Stunden hätte verbringen können; so begnügte ich mich damit, die Lehrerin zu begrüßen, und arbeitete dann schweigsam bis zum Ende der Handarbeitsstunde. Da sich niemand um mich kümmerte, stieg ich auf die Empore der Kapelle und blieb vor dem Allerheiligsten bis zum Augenblick, da Papa mich abholen kam, (...). Ja, wirklich, ganz allein um der Mutter Gottes willen kam ich in die Abtei... Manchmal fühlte ich mich einsam, sehr einsam; wie in den Tagen meines Pensionatslebens, als ich traurig und krank im großen Hof umherging, wiederholte ich jene Worte, die in meinem Herzen immer Frieden und Kraft neu werden ließen: ‚Das Leben ist dein Schiff, und nicht deine Heimat!' "[46].

Nachdem Theresia in die Reihe der Marienkinder aufgenommen worden war, schrieb sie manchmal am Schluß der Briefe nach ihrem Namen ein *„e. m."*, *„Enfant de Marie"*; so etwa in dem Brief, den sie vor der Audienz bei Leo XIII. an ihre Schwester Pauline schrieb. Man spürt aus diesen beiden Buchstaben eine Freude heraus, daß sie nun *„in nicht geringerem Maß Kind meiner himmlischen Mutter"* ist als ihre Schwestern; aber auch den klaren Willen, auf Maria stets zuzugehen, ohne den Blick von ihr abzuwenden.

Was die in der Kongregation eingegangenen Verpflichtungen betrifft, so wurden sie durch den Eintritt Theresias in den Karmel wie in allen anderen ähnlich gelagerten Fällen von selbst hinfällig. Die innere Verbundenheit sowohl mit dem Ideal als auch mit den Mitgliedern der Kongregation ist jedoch geblieben. Man sieht es an dem Brief, den Theresia im Dezember 1888 als Postulantin im Karmel an Mutter Saint-Placide in der Abtei schrieb. Wie uns eine Anmerkung zu diesem Briefe sagt[47], erhielt Theresia als ehemalige Schülerin des Pensionates und als Marienkind eine Einladung zum Fest des 25jährigen Bestehens der Marianischen Kongregation am 13. Dezember. Nach einer mündlichen Überlieferung im Karmel stammt das Konzept des Briefes an die Pensionatsleiterin von Pauline; Theresia schrieb es lediglich ab. Man wird jedoch sagen können, daß Theresias eigene Empfindungen wiedergegeben sind, wenn es dort heißt: „*Mit Freude erhielt ich den lieben Rundbrief der Marianischen Kongregation. Ganz sicher werde ich nicht versäumen, an diesem schönen Fest mit dem Herzen teilzunehmen. Denn in dieser gesegneten Kapelle hat mich ja die Muttergottes gütig als ihr Kind angenommen, am schönen Tag meiner Erstkommunion und am Tag meiner Aufnahme in die Marianische Kongregation. Ich kann nicht vergessen, meine liebe Lehrerin, wie gut Sie in diesen großen Zeiten meines Leben zu mir waren, und ich zweifle nicht daran, daß die besondere Gnade meiner Berufung zum Ordensstand an diesem glücklichen Tag grundge-*

legt wurde, da ich mich, umgeben von meinen guten Lehrerinnen, Maria am Fuß ihres Altares geweiht habe und sie in besonderem Sinn zu meiner Mutter erwählte, nachdem ich am Morgen Jesus zum erstenmal empfangen hatte. Ich möchte glauben, daß sie damals nicht auf meine Unwürdigkeit schaute und in ihrer großen Güte die Tugend meiner lieben Lehrerinnen ansah, die mit so viel Sorgfalt mein Herz bereiteten, um ihren göttlichen Sohn zu empfangen. Ich möchte glauben, daß sie mich aus diesem Grund in noch ausgeprägterer Weise zu ihrem Kind machen wollte, indem sie mir die große Gnade schenkte, mich in den Karmel zu führen"[48].

Am Schluß dieses Briefes steht noch ein Ausdruck, der sich auf Maria bezieht und festgehalten werden soll: *„Wollen Sie mich bitte auch bei meinen glücklichen Gefährtinnen nicht vergessen, deren kleine Schwester in Maria ich stets bleiben werde"*[49]. Auch wenn der Brief von Mutter Agnes entworfen wurde, gibt dieser Ausdruck wohl doch Theresias Auffassung wieder. Dies kann vor allem deswegen angenommen werden, weil sie später ihrer Schwester Léonie gegenüber einen ähnlichen, hier sicher von ihr allein stammenden Ausdruck gebraucht: *„Vergiß in Deinen Gebeten nicht, liebe Schwester, die kleinste Karmelitin, die Dir im Herzen der Seligsten Jungfrau so innig verbunden ist"*[50].

Leiden mit Maria

Wir müssen noch einmal zu Theresia vor ihrem Eintritt zurückkehren. Es zeugt von erstaunlicher religiöser Lebendigkeit und Reife, wenn sie schon als Vierzehnjährige ihre Leiden sieht mit dem Blick auf die Leiden der Gottesmutter und sich mit diesen vereinigt. Ihr Onkel, Isidore Guérin, hatte sich zunächst sehr gegen ihren Eintritt in den Karmel gestellt und sogar gesagt, *„um ihn zu bestimmen, mich ziehen zu lassen, bedürfte es eines Wunders"*[51]. Das war äußerst hart für sie. *„Ich sah wohl, daß alle Einwände nutzlos wären; so zog ich mich zurück, das Herz in tiefste Bitterkeit getaucht; mein einziger Trost war das Gebet"*[52]. *„Ehe der Liebe Gott über meiner Seele einen Hoffnungsstrahl aufleuchten ließ, wollte er mir noch ein sehr schmerzliches Martyrium schicken, das drei Tage währte. Oh! nie habe ich den Schmerz der Seligsten Jungfrau und des Hl. Joseph auf der Suche nach dem göttlichen Jesuskind so gut verstanden wie während dieser Prüfung ... Ich befand mich in einer traurigen Wüste, oder besser, meine Seele glich dem zerbrechlichen Schifflein ohne Steuermann, den Wogen preisgegeben ... Jesus war da und schlummerte in meinem Nachen, aber die Nacht war so schwarz, daß ich nicht sehen konnte; nichts gab mir Licht, nicht einmal ein Blitz zerriß die düstern Wolken. (...) Endlich am vierten Tag, es war ein Samstag, der* *süßen Himmelskönigin geweihter Tag, besuchte ich meinen Onkel. Wie groß war meine Überraschung, als ich sah, wie er mich anblickte und mich in sein Arbeitszimmer eintreten hieß, ohne daß ich den Wunsch danach geäußert hatte! ... Er begann damit, mir sanfte Vorwürfe zu machen, daß ich Angst vor ihm zu haben schiene, und dann sagte er mir, es sei nicht nötig, ein Wunder zu verlangen, er habe den Lieben Gott nur gebeten, ihm, ‚eine bloße Neigung des Herzens' zu geben, und er sei erhört. . ."*[53].

Auf alle Umstände der Kämpfe Theresias um ihren Beruf gehen wir hier nicht ein, da uns hier nur ihre Beziehungen zur Gottesmutter beschäftigen. Auch an dem hier angeführten Bericht spürt man, wie Theresia immer nach Maria Ausschau hält, sie auf Grund der Ereignisse ihres eigenen Lebens besser zu verstehen sucht, von ihrer Hingabe in Zeiten der Dunkelheit nichts wegnimmt und ein neues Aufstrahlen des inneren Lichtes mit Recht der Vermittlung Mariens zuschreibt. Auch die Krankheit ihres Vaters, die sie mit viel Kummer und Leid erfüllte, lenkte ihren Blick auf die Schmerzensreiche hin: *„Wie das Leiden das Herz der Göttlichen Mutter mit einem Schwert durchbohrte, so empfanden auch unsere Herzen die Leiden dessen, den wir auf Erden am zärtlichsten liebten"*[54].

In Notre-Dame-des-Victoires

Wir haben gesehen, daß Theresia nach der wunderbaren Heilung durch manche Fragen, die man ihr stellte, verwirrt wurde und glaubte, das Ereignis nicht richtig dargestellt zu haben; sie glaubte, gelogen zu haben. Es war ein Skrupel, der sie durch die Jahre begleitete; sie hatte jedoch die Kraft, gegen ihn anzukämpfen und dennoch zur heiligen Kommunion zu gehen, weil ihr Verstand ihr sagte, daß keine Sünde vorlag[55]. In Paris, in der Kirche Unserer Lieben Frau vom Siege, sollte sie während der Reise nach Rom die Befreiung aus allen diesbezüglichen Ängsten erfahren.

„Im Lauf des Vormittags kamen wir nach Paris und begannen sogleich mit der Besichtigung. Unser armes Väterchen scheute keine Müdigkeit, um uns Freude zu machen, und so hatten wir denn bald alle die Wunder der Hauptstadt gesehen. Was mich betrifft, so bezauberte mich nur eines, und das war: ‚Unsere Liebe Frau vom Siege'. Was ich zu ihren Füßen empfand, vermag ich nicht auszusprechen . . . Die Gnaden, die sie mir gewährte, bewegten mich so tief, daß mein Glück sich nur in Tränen ausdrükken konnte, wie am Tag meiner Erstkommunion. Die Seligste Jungfrau ließ mich wahrnehmen, daß wirklich sie es war, die mir zugelächelt und mich geheilt hatte. Ich sah ein, daß sie über mich wachte, daß ich ihr Kind war; so konnte ich sie nur noch mit

dem Namen ‚Mama' anreden, denn er schien mir noch zärtlicher als der Name Mutter . . .“[56].

Diese Beruhigung und Sicherheit, die Theresia vor dem Gnadenbild der Gottesmutter in bezug auf die vorausliegenden Ereignisse geschenkt wurde, war aber nur ein Teil dessen, was in ihr vorging. Vielleicht noch aufschlußreicher für das Werden der Heiligen ist der unbedingte Entschluß, die Reinheit, die Jungfräulichkeit zu bewahren und dies durch die Hilfe und Fürsprache der Gottesmutter zu erreichen. Der Text ist so wertvoll, daß ein Satz nochmals angeführt werden darf, auf den schon hingewiesen wurde:

„Mit welcher Inbrunst flehte ich sie doch an, mich immerdar zu behüten und meinen Traum bald zu verwirklichen, indem sie mich im Schatten ihres jungfräulichen Mantels bärge! . . . Oh! das war ja einer meiner ersten Kinderwünsche gewesen (. . .). Ich bat Unsere Liebe Frau vom Siege auch noch, alles von mir fernzuhalten, was meine Reinheit beflecken könnte; ich wußte wohl, daß auf einer Reise wie dieser italienischen ich manchem begegnen würde, das mich verwirren könnte, besonders da ich das Böse nicht kannte und fürchtete, es zu entdekken, da ich noch nicht die Erfahrung gemacht hatte, daß dem Reinen alles rein ist und die einfältige und gerade Seele nirgends Böses findet; denn das Böse findet sich nur in den unreinen Herzen, nicht aber in den empfindungslosen Dingen . . .“[57].

Diese herrlichen Sätze würden eine ausführliche Erläuterung verdienen, sowohl vom psychologischen wie auch vom dogmatischen Gesichtspunkt aus. Hier soll nur darauf hingewiesen werden, daß Theresia die Möglichkeit, die Reinheit zu verlieren, deutlich fühlt. Wäre sie weniger wachsam, wäre sie leichtsinnig gewesen — wer weiß, was aus ihr hätte werden können? Schon in dem Bericht über ihre erste heilige Kommunion hatte sie geschrieben: *„Hatte Theresia ihn* (Jesus) *nicht gebeten, ihr die Freiheit zu nehmen; denn ihre Freiheit ängstigte sie; sie fühlte sich so schwach, so zerbrechlich, daß sie sich für immer mit der Göttlichen Stärke vereinigen wollte!"*[58]. In Paris wendet sie sich aus dem gleichen Gefühl und Bewußtsein der Schwäche an Maria; von ihr erhofft sie eine Bergung *„im Schatten ihres jungfräulichen Mantels"*, und daß Maria alles von ihr fernhalte, was ihre Reinheit beflecken könnte. Das gläubige Empfinden, daß die Reinheit durch die Verehrung der *„Jungfrau der Jungfrauen"* sicher bewahrt werden kann, ist hier sehr klar und schön zum Ausdruck gebracht. Tatsächlich wird es im Raum unserer Kirche wohl kaum jemanden geben, der ohne Anrufung der Gottesmutter und ohne Anschluß an sie sich einem Leben der Reinheit und Jungfräulichkeit zuwendet und es bewahren kann.

Theresia ruft auch noch den heiligen Joseph an und gewinnt für ihre weite Reise innere Sicherheit und Festigkeit: *„Ich bat auch den hl. Joseph, über mich zu wachen; von Kindheit an hegte ich eine Verehrung für ihn, die eins war mit meiner Liebe zur Seligsten Jungfrau. Täglich sprach ich das Gebet:*

‚O heiliger Joseph, Vater und Beschützer der Jungfrauen‘, so trat ich ohne Furcht meine ferne Reise an; ich war so wohlbehütet, daß es mir unmöglich schien, Angst zu haben“[59].

Eine gewisse Prüfung mußte sie in dieser Hinsicht dennoch bestehen, und zwar in Bologna, worüber sie berichtet: *„Mit Freuden verließ ich Bologna; diese Stadt war mir unerträglich geworden wegen der vielen Studenten dort, die Spalier bildeten, wenn wir das Unglück hatten, zu Fuß auszugehen, und besonders wegen eines kleinen Abenteuers, das ich mit einem von ihnen hatte.“* Darüber sagte ihre Schwester Céline beim Apostolischen Prozeß aus: *„Beim Aussteigen aus dem Zug in Bologna stand ein Schwarm Studenten da; einer von ihnen hob Therese schnell in seinen Armen hoch, ohne daß wir in dem Tumult darauf achten konnten. Sie aber empfahl sich der Seligsten Jungfrau und warf dem Zudringlichen einen solchen Blick zu, daß er Angst bekam und sie augenblicklich losließ“*[60].

In Loreto

Theresia hatte keine Einwände und Bedenken gegenüber der Überlieferung, die sagt, daß das heilige Haus in Loreto tatsächlich jenes der Gottesmutter von Nazaret sei. Die Heilige nimmt diese Auffassung ganz offen und ohne Einschränkung hin und zieht daraus für ihre Meditation reichen Gewinn; sie dringt tiefer in ein Verstehen des so einfachen Lebens der Gottesmutter ein und dadurch auch in das Geheimnis der Menschwerdung des Sohnes Gottes.

„Ich war froh, als wir uns auf den Weg nach Loreto begaben. Es überrascht mich nicht, daß die Seligste Jungfrau diesen Ort auserwählt hat, um ihr gebenedeites Haus dorthin zu verbringen. Hier herrschen Friede, Freude und Armut ohne Einschränkung; alles ist sachlich und ungekünstelt, die Frauen haben ihre kleidsame italienische Tracht beibehalten und nicht wie die anderer Städte die Pariser Mode angenommen. Kurz, Loreto hat mich entzückt! Was soll ich vom heiligen Hause sagen? ... Ich war ergriffen beim Gedanken, unter dem gleichen Dach zu weilen wie die Heilige Familie, die Wände zu betrachten, auf denen die göttlichen Augen Jesu geruht hatten, den Boden zu betreten, den der heiligen Joseph mit seinem Schweiß getränkt hat, wo Maria Jesus auf den Armen trug, nachdem sie ihn in ihrem jungfräulichen Schoß getragen hatte ... Ich sah das

kleine Gemach, in das der Engel zur Seligsten Jungfrau herabstieg ... Ich legte meinen Rosenkranz in das Schüsselchen des Jesuskindes ... Wie lieblich sind doch diese Erinnerungen! Unsere größte Tröstung aber war es, Jesus selbst in seinem Hause zu empfangen und zu einem lebendigen Tempel zu werden, am Ort selber, den er durch seine Gegenwart geheiligt hatte"[61].

Wir sehen hier bereits, was uns später noch beschäftigen wird: Theresia möchte Maria nahe sein in ihrem einfachen, in ihrem irdischen Leben, wie auch dem Herrn, den sie nach dem Wort des Hohenliedes verehrte als die *„Lilie des Tales"*, das heißt in jener Erniedrigung, in der Phase des *„Inkognito"* seines Lebens, in die er durch seine Menschwerdung eingegangen ist. Theresia, die geradezu als die *„Heilige der Einfachheit"* bezeichnet werden kann, wie es auch ihrem *„Weg der geistlichen Kindschaft"* entspricht, sehnte sich nicht nach Wundern und Ekstasen; sie wollte *„die verborgenen Tugenden"* Marias nachahmen. Hier in Loreto konnte sie sich besser in das verborgene Leben von Nazaret hineindenken. Das Wort: *„Loreto hat mich entzückt"*, besagt demnach mehr als eine nur flüchtige Freude. Das Entzücken über Loreto zeigt eine Grundrichtung in der Seele Theresias an, die für sie kennzeichnend ist.

Vor dem Eintritt in den Karmel

Wir haben gesehen, daß einer der ersten Kinderwünsche Theresias war, daß Maria sie *„im Schatten ihres jungfräulichen Mantels bärge"*. In diesem Zusammenhang kommt sie auf den Beruf zum Karmel zu sprechen: *„Als ich heranwuchs, begriff ich, daß ich den Mantel der Seligsten Jungfrau im Karmel finden könne, und so richtete ich all mein Verlangen auf diesen fruchtbaren Berg . . ."*[62]. Die tiefe Bezogenheit auf Maria legt Theresia nahe, in einen Orden einzutreten, in dessen Lebensform man eine innigere Verbundenheit mit der Seligsten Jungfrau erfährt. Tatsächlich hat sich der Karmel immer als Marienorden verstanden. Theresia gibt gleichsam eine kurze Definition, wie ein Karmelit oder eine Karmelitin das Leben im Orden führt und führen muß, wenn es dem inneren Ideal entsprechen will: Unter dem Mantel der Seligsten Jungfrau. Wäre ihr dieser Zusammenhang nicht deutlich genug gewesen, wäre sie wohl dort auch nicht eingetreten. Nun aber erwartet sie ganz bewußt und mit Bestimmtheit die Prägung nach dem Leben Mariens.

In einem ähnlichen Sinn sagt sie in einem kleinen Bericht über die Bewunderung, die ihr als Mädchen entgegenschlug und die sie leicht zur Eitelkeit hätte verführen können: *„Mit welcher Dankbarkeit preise ich die Erbarmungen des Herrn! . . . Hat er mich nicht, wie es in den Worten der Weisheit heißt:*

‚von der Welt hinweggenommen, ehe ihre Bosheit meinen Geist verdarb und ihr trügerischer Schein meine Seele verführte'? . . . Auch die Seligste Jungfrau wachte über ihrer kleinen Blume; und da sie nicht wollte, daß sie in der Berührung mit irdischen Dingen befleckt werde, nahm sie sie auf ihren Berg zurück, noch ehe sie sich entfaltete"[63]. Auf dem Berge Karmel aber und in der strengen Zucht des Ordens entfaltete sie sich zu letzter Größe. Die Bewahrung vor dem zersetzenden Geist der Welt schreibt sie ohne Zögern dem mütterlichen Schutz Mariens zu: *„Da sie nicht wollte . . ."*

Selbstverständlich sieht Theresia die marianische Ausrichtung und Prägung des Karmels nicht in Einseitigkeit und Ausschließlichkeit. Auch andere Orden sind auf Maria hingeordnet und unterstehen ihrem Schutz. In einem Brief an ihre Schwester Léonie, die in den Orden der Heimsuchung eingetreten war (Theresia steht gerade vor ihrem 21. Geburtstag), vergleicht sie den Karmel und die Heimsuchung miteinander und rühmt auch an dieser die Bezogenheit auf Maria: *„Wir lesen bei Tisch das Leben der heiligen Chantal. Es ist ein wahrer Trost für mich, es zu hören. Das verbindet mich noch mehr mit dem Orden der Heimsuchung, den ich so liebe, und ich sehe die innige Verbindung, die seit je zwischen ihm und dem Karmel bestand. Ich danke dem Lieben Gott, daß er diese beiden Orden für unsere Familie gewählt hat. Die Heilige Jungfrau ist wirklich unsere Mutter, da unsere beiden Klöster ihr in besonderer Weise geweiht sind"*[64].

Eintritt unter dem Schutz Mariens

„*Der 9. April* (1888) *wurde für meinen Eintritt bestimmt; an diesem Tag feierte der Karmel das Fest Mariä Verkündigung, das wegen der Fastenzeit verlegt worden war*"[65]. Theresia fügt dieser sachlichen Feststellung für den Augenblick nichts hinzu. Es ist aber sicher, daß ihr dieser Tag, der damals vor allem im Blick auf Maria gefeiert wurde, sehr lieb und willkommen war, auch wenn sie sehr lange auf die Aufnahme hatte warten müssen; denn später berichtet Céline: „*Mit größter Frömmigkeit feierte sie jedes Jahr den 25. März*" (eben dieses Fest der Verkündigung), „denn, wie sie sagte, ‚*das ist der Tag, an dem Jesus im Schoß Mariens am allerkleinsten war*' "[66].

Es war sehr folgerichtig, wenn Theresia das so betonte; diese Sicht steht ja, wie wir sahen, in Übereinstimmung mit dem „*Kleinen Weg*", den sie lehren sollte. Sie fühlte sich selbst immer als eine ganz kleine, das heißt eine ganz schwache, zerbrechliche Seele („*Ich fühle, wenn du eine schwächere, eine kleinere Seele fändest als die meine, was zwar unmöglich scheint . . .*"[67]), und sie forderte für diesen Weg, daß man klein bleibt und immer kleiner wird in den eigenen Augen[68].

Noch einmal wird es in einem Bericht ihrer Schwester deutlich, wie sehr Theresia ihren Ordensberuf im Schutz der Gottesmutter wissen wollte: „*There-*

sia zeigte mir ein Bildchen Unserer Lieben Frau vom Siege, auf das sie jenes Blümchen aufgeklebt hatte, von dem in ihrer Lebensgeschichte die Rede ist, und sagte gerührt: ‚Heute sind zehn Jahre verflossen, seit Papa mir dies weiße Blümchen an jenem Tag überreichte, als ich ihm erstmals von meiner Berufung sprach'[69]. Sie hatte das Blümchen auf die Vorderseite des Bildchen geklebt, daß es aussah, als ob das Jesuskind mit seiner Hand den Stengel halte."

Erfüllte Erwartung

Etwa ein halbes Jahr vor ihrer Profeß erfuhr Theresia eine besondere Gnade, durch welche die Gottesmutter offenbar bestätigen wollte, daß das Leben im Karmel ein Leben unter ihrem Schutzmantel bedeute. Theresia sprach darüber nur wenige Monate vor ihrem Tod. Ihre Schwester Pauline erzählt: *„Sie erinnerte mich an verschiedene ihrer Betrachtungen in früherer Zeit, an den Sommerabenden, zur Zeit des großen Schweigens* (zwischen 8—9 Uhr, unmittelbar vor der Matutin) *und sagte, sie wisse aus Erfahrung, was der ‚Geistesflug' bedeute.* (Sie spielte dabei auf ein Zitat der heiligen Theresia von Avila an.) *Sie sprach mir auch noch von einer anderen Gnade dieser Art, die sie in einer Grotte im Klostergarten im Monat Juli 1889 empfing, und der mehrere Tage der ‚Ruhe' folgten.* (Ebenfalls eine Anspielung auf Theresia von Avila): *„. . . Es kam mir vor, als liege ein Schleier über den Dingen dieser Erde. Ich fühlte mich ganz eingehüllt in den Schleier der Allerseligsten Jungfrau. Zu dieser Zeit waren mir die Arbeiten im Refektorium übertragen. Ich entsinne mich noch, daß ich diese wie im Traum tat. Es war mir, als handele ich in einem geliehenen Körper. In diesem Zustand blieb ich eine ganze Woche lang. Dieser übernatürliche Zustand läßt sich schwer erklären. Der liebe Gott allein kann uns* *dahinein versetzen, und zuweilen genügt er, um eine Seele von der Erde loszulösen"*[70].

Wenn diese Gnade so intensiv ist, daß sie unter Umständen sogar den Tod herbeiführen kann, dann muß man annehmen, daß Theresia in ihr eine ganz besondere Bestätigung ihrer Erwartung sah, durch ihr Ordensleben in den Schutz Mariens ganz tief aufgenommen zu sein; ebenso, daß sie das Bewußtsein und den Willen, unter dem Mantel oder dem Schleier Mariens ihr Leben zu führen, auch später, nachdem die außergewöhnliche Spürbarkeit dieser Gnade wieder von ihr gewichen war, nicht verlor. Jedenfalls wollte sie ihrer himmlischen Mutter ganz angehören.

Aus der Noviziatszeit Theresias haben wir sonst wenige Zeugnisse über ihr Verhältnis zu Maria, doch stehen in dem Brief, den sie am 30. Mai 1889 schrieb (also zwei Monate vor dieser erwähnten Gnade), einige ganz herrliche Sätze, die ihr tiefes Vertrauen auf die Gottesmutter zeigen. Sie schrieb diesen Brief an ihre Cousine Marie Guérin, die um diese Zeit in Paris weilte und von mancherlei Skrupeln geplagt war: *„Schwesterlein, bevor ich Deinen Brief erhielt, ahnte ich Deine Ängste. Mein Herz war mit dem Deinen vereint. Heute Nacht im Traum suchte ich Dich zu trösten, aber leider konnte es mir nicht gelingen! . . . Ich werde auch heute nicht glücklicher sein, es sei denn, Jesus und die Muttergottes kommen Dir zu Hilfe. Ich hoffe, mein Wunsch wird erfüllt, und die Seligste Jungfrau heilt mein geliebtes Schwesterchen am letzten Tag des ihr ge-*

weihten Monats. Aber darum muß man beten. Wenn Du bei Unserer Lieben Frau vom Siege eine Kerze anzünden wolltest? ... Ich habe so großes Vertrauen zu ihr ..." Und am Schluß der Satz, den sich alle jene zu Herzen nehmen sollten, die immer wieder in einer unberechtigten Angst meinen, man könne in der Liebe zu Maria zu weit gehen: „*Fürchte nicht, Du könntest die Muttergottes zu sehr lieben. Niemals wirst Du sie genug lieben, und Jesus freut sich darüber, weil sie seine Mutter ist*"[71].

Ablegung der Gelübde

Wie Theresia an einem Marientag eingetreten war, so sollte ihre Gelübdeablegung ebenfalls an einem Marienfest geschehen. „*Mariä Geburt, welch schönes Fest, um Braut Jesu zu werden!*“[72] sagt sie. Es war im Jahre 1890. „*Die Seligste Jungfrau half mir indessen, das Kleid meiner Seele herzurichten; sobald es vollendet war, schwanden die Hindernisse von selbst. Der Bischof sandte mir die Erlaubnis, um die ich gebeten hatte; die Klostergemeinschaft war bereit, mich aufzunehmen, und meine Profeß wurde auf den 8. September festgesetzt ...*“[73].

Nachdem Theresia noch am Tag zuvor von einem sehr starken Zweifel an ihrer Berufung befallen war, der aber durch eine Aussprache mit der Novizenmeisterin und der Priorin völlig behoben wurde, war der Tag selbst wolkenlos: „*Am Morgen des 8. Septembers fühlte ich mich überflutet von einem Strom des Friedens, und in diesem ‚alles übersteigenden' Frieden sprach ich meine heiligen Gelübde ...*“[74]. Doch konnte dieser Tag nicht ohne eine Huldigung an ihre himmlische Mutter vorübergehen. Die Liebe zu Maria leuchtet in dem kleinen Bericht auf: „*Dieser schöne Tag ging vorüber wie auch die traurigsten, denn auch auf die strahlendsten folgt ein anderer Tag, doch legte ich ohne Trauer meinen Kranz zu Füßen der Seligsten Jungfrau nieder; ich fühlte, daß die Zeit mir mein Glück nicht rauben würde ... Mariä Geburt, welch schönes Fest, um Braut Jesu zu werden! War es doch die kleine, eintägige heilige Jungfrau, die ihre kleine Blume dem kleinen Jesus darbot ... An diesem Tag war alles klein außer den Gnaden und dem Frieden, die ich empfing, außer der friedlichen Freude, die ich am Abend empfand, als ich die funkelnden Sterne am Himmel betrachtete und dachte: Bald wird der schöne Himmel vor meinen entzückten Augen sich auftun, und ich werde mich mit meinem Bräutigam inmitten ewigen Jubels vereinen können ...*"[45].

Hingabe an Maria

In allem Dingen vertraut sich Theresia der Gottesmutter an. Ihre Mitschwester Maria von der Dreifaltigkeit erwähnte im Apostolischen Prozeß ein Wort Theresias, das ihre Hingabe in ganz ursprünglicher Weise zum Vorschein bringt: *„Gerne verberge ich meine Nöte dem lieben Gott, denn bei ihm möchte ich immer ein fröhliches Gesicht haben über das, was er tut. Aber der Heiligen Jungfrau verberge ich nichts, ihr sage ich alles"*[76].

In anderem Zusammenhang schreibt sie: *„Die Seligste Jungfrau zeigt mir, daß sie mir nicht böse ist; nie versäumt sie, mich zu beschützen, sobald ich sie anrufe. Gerate ich in Sorge oder Verlegenheit, so wende ich mich schnell zu ihr, und immer, als die zärtlichste der Mütter, nimmt sie sich meiner Sache an. Wie oft geschah es, wenn ich zu den Novizinnen redete, daß ich sie anrief und die Wohltat ihres mütterlichen Schutzes zu spüren bekam! . . ."*[77].

Eine solch entscheidende Angelegenheit wie ihr Weiheakt an die erbarmende Liebe ist von dieser Hingabe an Maria erst recht nicht ausgenommen. Man könnte zunächst meinen: Wenn man sich feierlich an Gott selbst, den Dreifaltigen, wendet, dann schaut man nicht mehr auf das Geschöpf; dann verschwindet Maria gleichsam aus dem Blickfeld. Aber das ist bei Theresia nicht der Fall und soll auch gar nicht der Fall sein; und zwar deswegen, weil sie ihre Weihehingabe durch Maria darbringt und darbringen will. Maria ist das allein reine Geschöpf; wenn Maria diese Übereignung an die erbarmende Liebe Gott überbringt, gerade dann kann Theresia ihr Ziel erreichen, nämlich von Gott angenommen zu werden. In diesem Sinn schreibt sie: *„Endlich biete ich dir an, o glückselige Dreifaltigkeit, die Liebe und die Verdienste der Heiligen Jungfrau, meiner geliebten Mutter. Ihr überlasse ich meine Opfergabe mit der Bitte, sie dir vorzustellen. Ihr göttlicher Sohn, mein geliebter Bräutigam, hat in den Tagen seines sterblichen Lebens gesagt: ‚Alles, worum ihr meinen Vater in meinem Namen bitten werdet, das wird er euch geben!' "*[78].

Die Hingabe Theresias an Maria besteht in einem vollkommenen Sich-Überlassen. Es geht ihr nicht darum, den eigenen Willen durchzusetzen, selbst dann nicht, wenn es sich um die Befreiung von eigenen Schmerzen handelt. Während ihrer Krankheit sagte eine Mitschwester zu ihr: *„Ich werde die Allerseligste Jungfrau bitten, daß Ihre Beklemmung aufhört."* Doch sie antwortete: *„Nein, wir müssen sie dort oben walten lassen"*[79]. In dieser völligen Hingabe liegt auch der Grund dafür, daß Theresias Liebe zur Gottesmutter selbst dann nicht abnimmt, wenn sie nicht erhört wird (bei Bitten, die sie vor allem um der anderen willen vorbringt). Als ihre Schwester Céline, die als Ordensnamen den Namen Genoveva hatte, zweite Krankenschwester war und in einem Raum neben dem Krankenzimmer schlief, sagte die kranke Theresia: *„Gestern abend bat ich* *die Muttergottes, daß ich nicht mehr zu husten brauche, damit Schwester Genoveva schlafen könne. Aber ich fügte bei: ‚Wenn du mich nicht erhörst, werde ich dich noch mehr lieben'* "[80].

An diesen Beispielen sieht man sehr deutlich, was hervorgehoben wird und auch nicht genug betont werden kann: es besteht ein gewaltiger Unterschied zwischen einer Marienfrömmigkeit, die sich in einer Menge von Gebeten und Praktiken erschöpft, und solch aufrichtiger, kindlicher Liebe und Hingabe an die Mutter unseres Herrn, die auch unsere wahre himmlische Mutter ist im Hinblick auf das Gnadenleben in unserer Seele. „*Ein gewisses Empfinden*" ist da ausschlaggebend, nicht die Gebets-„*leistung*"; und dieses „*Empfinden*", das zutiefst eine Gnade ist, die man nicht erzwingen, wohl aber erbitten kann und soll, besteht in dem vertrauten Umgang mit Maria, der inneren Hingabe an sie, im Vertrauen auf ihren mütterlichen Schutz, in der Liebe.

Frömmigkeitsformen

Versuchen wir, kennenzulernen, wie Theresia in ihrem Frömmigkeitsleben die Liebe zu Maria sonst noch betätigte! Wir werden finden, daß es sich um eine ganz einfache Art des Betens handelt, das mit der Aufrichtigkeit und der Liebe eines Kindes zur Heiligen Jungfrau aufschaute.

Über ihren Kommunionempfang berichtet Theresia: *„Ich stelle mir meine Seele als einen freien Platz vor und bitte die Seligste Jungfrau, allen Schutt fortzuräumen, der hindern könnte, daß er wirklich frei sei; dann flehe ich sie an, ein großes, des Himmels würdiges Zelt aufzurichten, es mit ihrem eigenen Schmuck zu zieren; und dann lade ich alle Heiligen und Engel ein, zu kommen und ein wunderbares Konzert zu geben. Wenn dann Jesus in mein Herz herabsteigt, so ist er, glaube ich, zufrieden, so wohl empfangen zu werden, und ich bin es dann auch . . .“*[81]. Nachdem Maria in Betlehem, in Ägypten und in Nazaret für den Herrn immer wieder die Wohnung bereitete, scheint es sehr sinnvoll, sie gerade auch für den Empfang Jesu in der heiligen Kommunion um ihre Fürsprache und ihre Hilfe zu bitten. Wer könnte uns besser zeigen, wie wir den Herrn aufnehmen sollen, als sie?

Über das Verhalten Theresias im Speisesaal berichtet Céline: *„Schwester Therese vom Kinde Jesus hatte im Refektorium kleine kindliche Gewohnhei-*

ten angenommen, die sie uns schlicht weitergab: ‚Ich stelle mir vor, ich sei in Nazaret, im Haus der Heiligen Familie. Serviert man mir nun zum Beispiel Salat, kalten Fisch, Wein oder etwas anderes, was scharf schmeckt, dann biete ich es dem heiligen Joseph an. Der Heiligen Jungfrau gebe ich alle warmen Speisen, gut ausgereifte Früchte usw. Und ein Festtagsessen, vor allem Brei, Reis, Konfekt, biete ich dem Jesuskind an. Bringt man mir aber eine schlechte Mahlzeit, dann sage ich mir fröhlich: Heute, mein kleines Mädchen, gehört alles dir!'"[82]. Mag jemand eine solche Verhaltensweise sich selbst auch nicht zu eigen machen, so kann man über die Einfachheit und Vertraulichkeit, mit der Theresia zu den heiligen Personen spricht, doch nachdenklich werden und sich fragen, ob nicht umgekehrt bei vielen das Verhältnis zum Herrn, zur Muttergottes und den Heiligen darunter leidet, daß man ihnen gegenüber solch einfache, menschliche Nähe zu wenig hat und sich in das Wunder der Menschwerdung des Sohnes Gottes und in die Ausstrahlungen dieses Urgeheimnisses bei den Heiligen im Glauben zu wenig hineindenkt, weil es eben gerade nicht Abstand und Entfernung schaffen wollte und will, sondern Nähe, Greifbarkeit, lebendiges Vorbild, Gemeinschaft und Liebe.

Hierher gehört auch ihr Bericht über eine sehr schwierige Lage, in die sie einmal geriet: Sie sollte zu ungewohnter Zeit für Gäste eine Nachtlampe richten, obwohl dies zum Aufgabenbereich der Pfortenschwestern gehört hätte. Ungeduld wollte sie erfassen. Aber *„um den Sieg über mich selbst zu erringen, stellte ich mir vor, ich bereite eine Nachtlampe für die Gottesmutter und das Jesuskind. Deshalb verrichtete ich diese Arbeit mit größter Sorgfalt, so daß auch nicht das geringste Stäubchen an der Lampe zurückblieb. So stellte sich nach und nach eine große Seelenruhe und ein tiefer Friede ein*[83].

Merkwürdig, daß Theresia gerade bei dem Gebet, das am meisten auf Maria hingeordnet ist, Schwierigkeiten hatte: beim Rosenkranz! Zum Verständnis des folgenden Textes muß man wissen, daß die Sätze geschrieben wurden, nachdem sie zuvor davon sprach, daß ihr die gemeinsamen Gebete sehr lieb sind und daß sie dabei fühlt, *„wie der Eifer meiner Mitschwestern den meinen ergänzt"*. So kann man annehmen, daß sie den Rosenkranz zwar gern in Gemeinschaft betete; *„aber ganz allein den Rosenkranz zu beten (ich schäme mich, es einzugestehen), kostet mich mehr Überwindung als das Anlegen eines Bußinstrumentes ... Ich bin mir bewußt, ihn so schlecht zu beten! Ich kann mich noch so sehr bemühen, die Geheimnisse des Rosenkranzes zu betrachten, es gelingt mir nicht, meinen Geist zu sammeln ... Lange war ich untröstlich über diesen Mangel an Andacht, der mich verwunderte, denn ich liebe die Muttergottes so sehr, daß es mir leichtfallen sollte, zu ihren Ehren Gebete zu sprechen, die ihr wohlgefallen. Jetzt betrübe ich mich weniger, und ich denke, die Himmelskönigin wird als meine*

Mutter meinen guten Willen sehen und sich damit zufriedengeben"[84].

Diese unbedingte Liebe zu Maria wird auch an folgendem kleinen Entscheid deutlich. Von den beiden Missionaren, mit denen Theresia in Verbindung stand, wurde ihr wiederholt die Namengebung und die Patenschaft für Kinder angeboten, die jene einmal taufen würden. Immer fällt die Wahl Theresias auf den Namen Maria. So schreibt sie an Père Roulland: *„Sie bitten mich, mein Bruder, für ein kleines Mädchen, das Sie taufen werden, zwischen dem Namen Maria und Theresia zu wählen; weil die Chinesen nicht zwei Patroninnen haben wollen, sondern nur eine einzige, muß man ihnen die mächtigste geben. So trägt also die Muttergottes den Sieg davon"*[85].

Auch äußere Erinnerungszeichen an Maria werden von ihr nicht abgelehnt. *„Theresia liebte es, Medaillen der Heiligen Jungfrau zu verteilen, und zweifelte* nicht *an deren Wirkkraft. In der Welt hatte sie zwei kleinen Mädchen, die sie unterrichtete, Medaillen an die Brust geheftet und eine ungläubige Taglöhnerin überredet, die Medaille, die sie ihr schenkte, zu tragen"*[86]. Und an ihre frühere Spielgefährtin, Céline Pottier geborene Maudelonde, schrieb sie: *„Ich hatte Unsere Liebe Frau vom Berge Karmel um die Gnade angefleht, meine liebe Céline, die Ihnen in Lourdes zuteil wurde. Wie glücklich bin ich, zu wissen, daß Sie das heilige Skapulier tragen! Es ist ein sicheres Zeichen der Vorherbestimmung, und sind Sie dadurch nicht noch* *inniger mit Ihren Schwestern im Karmel vereint? . . .*"[87]. Ihre Novizinnen aber hielt sie dazu an, in der Nacht den Rosenkranz um den Hals zu tragen[88].

Maria, Vermittlerin wahrer Jungfräulichkeit

Eine Aussage von echter und großer mystischer Kraft finden wir in einem Brief an ihre Schwester Céline. Hier kommt wieder zum Ausdruck, wie sehr die Liebe uns antreiben soll, uns ganz eng an Maria anzuschließen, um ihrer Reinheit teilhaft zu werden und durch diese Teilhabe Unanfechtbarkeit zu gewinnen in den Versuchungen, denen unser Leben ausgesetzt ist: *„Und die Gottesmutter! Ah, Céline, verbirg Dich tief in den Schatten ihres Mantels, damit sie Dich jungfräulich mache! ... Die Reinheit ist so schön, so weiß! ... Selig die reinen Herzen, denn sie werden Gott schauen! ... Ja, sie werden ihn schon auf Erden schauen, wo nichts rein ist, wo aber alle Geschöpfe durchsichtig werden, wenn man sie durch die schönste und reinste Lilie hindurch betrachtet!"*[89]. Wenn man also die Dinge, die uns von Gott ablenken möchten, durch Maria und in Vereinigung mit ihr anschaut, verlieren sie ihre verführerische, von Gott ablenkende Tendenz und öffnen unseren Blick auf Gott hin. Die Zuflucht zu Maria läßt uns also gewissermaßen hindurchfinden durch den Irrgarten der Geschöpfe, in dem wir uns wegen unserer Schwäche so leicht verlieren. Aber im Licht Mariens werden die Dinge zu Stufen, die uns zu Gott erheben und die uns an seiner Heiligkeit Anteil geben. Und selbst unberührte und reine Menschen, die schon auf dem rechten Weg sind, wie es bei Céline der Fall war, erfahren durch Maria eine Höherführung. Theresia schreibt nämlich: „*Verbirg Dich tief in den Schatten ihres Mantels, damit sie Dich jungfräulich mache!*" Die physische Jungfräulichkeit ist noch nicht das Ideal der christlichen Jungfräulichkeit. Das Ideal wird erst in einem seelischen Reifungsprozeß und am sichersten im Anschluß an Maria gewonnen, welche die „*Jungfrau der Jungfrauen*" ist. Das Ideal der Jungfräulichkeit „*um des Himmelreiches willen*"[90] besteht im selbstlosen Leben für Christus, in einer von jeder Selbstsucht gereinigten Absicht und in der Übertragung der ganzen Liebeskraft auf den Herrn.

Ein Nachklang dieser Empfehlung ist in zwei späteren Aussagen Theresias zu entdecken. In einem weiteren Briefe schreibt sie: „*Céline, fürchte nicht die Unwetter der Welt. Dein Schutzengel bedeckt Dich mit seinen Flügeln, und in Deinem Herzen ruht Jesus, die Reinheit der Jungfrauen. Du siehst Deine Schätze nicht. Jesus schläft, und der Engel verharrt in seinem geheimnisvollen Schweigen, doch sind sie da mit Maria, die Dich unter ihrem Schleier birgt! ...*"[91]. Und in der „*Vermählungsurkunde von Jesus und Céline*", die Theresia entwarf, läßt sie den Herrn sprechen: „*Ich, die Blume der Felder, die Lilie der Täler — die Nahrung, die ich meiner Viel-Geliebten geben will, ist der Weizen der Erwählten, der Wein, der Jungfrauen sprossen läßt ... Diese Nahrung empfängt sie aus den Händen der demütigen und glorreichen Jungfrau Maria, die unser beider Mutter ist ...'*[92]. Daß die Eucharistie als Nahrung der Erwählten wie auch als Quellgrund der wahren Jungfräulichkeit mit der Vermittlung Mariens etwas zu tun hat, wird sehr deutlich zum Ausdruck gebracht. Man fühlt, daß diesen Aussagen sehr klare Überzeugungen zugrunde liegen, die in tiefem Nachdenken gewonnen wurden.

Besonders eindrucksvoll ist, was Theresia über das Festhalten Mariens an ihrer Jungfräulichkeit sagt:

„Ah, welche Gnade, Jungfrau zu sein, die Braut Jesu zu sein. Es muß etwas sehr Schönes und Erhabenes sein, da das Reinste — das am meisten mit Einsicht Begabte unter allen Geschöpfen lieber Jungfrau bleiben wollte, als die Mutter eines Gottes zu werden ... Und diese Gnade gewährt uns Jesus. Er will, daß wir ihm verlobt seien, und dann verspricht er noch, daß wir seine Mutter und seine Schwestern werden. Denn er sagt im Evangelium: „Wer den Willen meines Vaters tut, der ist mir Mutter, Bruder und Schwester.' Ja, wer Jesus liebt, ist seine ganze Familie. Er findet in diesem einzigen Herzen, das nicht seinesgleichen hat, alles, wonach er verlangt. Er findet darin seinen Himmel! ...'[93].

Wir haben hier wieder ein Beispiel für die Aussageweise Theresias. In einer kurzen Darlegung und einer ganz einfachen Sprache ist alles sehr inhaltsreich: sie preist die Jungfräulichkeit, die eine verwandtschaftliche Nähe zu Jesus schafft; sie nennt Maria das begabteste unter allen Geschöpfen; sie zeigt auf, wie Maria eher an der Jungfräulichkeit festhalten wollte, als der Gottesmutterschaft zuzustimmen, die ihr angeboten war, insofern beides miteinander unvereinbar gewesen wäre; sie hebt heraus, daß Jesus im jungfräulichen Herzen Mariens all seine Wonne findet. Man kann geradezu von einer „*traumhaften Sicherheit der Aussage*"[94] sprechen.

In der dritten Strophe ihres Liedes „*Warum ich dich liebe, Maria*" hebt Theresia diesen Gedanken mit der gleichen Folgerichtigkeit hervor. Wir finden ihr ganzes Gedicht im Anhang[95].

Hilfe für die Armen Seelen

Wie Theresia über die Muttergottes und die Armen Seelen denkt, ist in der Aufzeichnung, die sie zur Profeßfeier ihrer Schwester Céline am 24. Februar 1896 verfaßte, nur wie nebenbei dargelegt, jedoch voll Charme und Güte: „*Die Jungfrau Maria, die unmittelbar vor der anbetungswürdigen Dreieinigkeit einhergeht, trägt den königlichen Schmuck der Braut, ihrer geliebten Tochter. Mit ganz mütterlicher Zartheit öffnet sie, bevor sie zur Erde herabsteigt, den Abgrund des Reinigungsortes. Sogleich schwingen sich ungezählte Scharen von Seelen zu ihrer Befreierin auf, wollen ihr danken und den Anlaß ihrer Befreiung erfahren. Die sanfte Königin antwortet ihnen: ‚Mein Sohn hält heute Hochzeit. Unten auf der Erde hat er sich von Ewigkeit her eine Seele erwählt, die ihn unter Millionen anderer, die er doch auch nach seinem Bild geschaffen hat, erfreut und entzückt. Diese bevorzugte Seele hat folgende Bitte an mich gerichtet: Am Tage meiner Hochzeit möge alles Leid aus dem Reich meines Bräutigams verbannt sein. Ihrer Bitte willfahrend habe ich euch befreit . . .*' “[96].

Man erinnert sich, daß Theresia an ihrem eigenen Profeßtag ausdrücklich um die Befreiung der Seelen aus dem Reinigungsort gebeten hat: „*Jesus, gib, daß ich viele Seelen rette, daß heute keine einzige in die Hölle komme und daß alle Seelen im Fegfeuer erlöst werden ...“*[97]. Diese gleiche Gesinnung schreibt sie nun auch ihrer Schwester bei deren Profeßfeier zu; doch wird hier die Befreiung der Armen Seelen der Vermittlung Mariens zugewiesen. Die Zartheit des Empfindens ist für Theresia immer wieder der Weg zur vertieften Erkenntnis der Aufgaben und der Wirksamkeit der Gottesmutter. So gewiß dieser Bericht die Lust Theresias widerspiegelt, die ihr schon als Schülerin in der Abtei der Benediktinerinnen eigen war, Geschichten zu erfinden und spannend zu erzählen[98], so dringt sie dabei doch zu theologischen Aussagen vor. Niemand wird es abstreiten wollen, daß es sich durchaus in unser Vorstellungsbild von der Gnadenvermittlung durch Maria einfügt, wenn hier gesagt ist, daß gerade sie *„mit ganz mütterlicher Zartheit den Abgrund des Reinigungsortes öffnet“*, um die Seelen zu befreien.

Daß Theresia über die *„Lust zum Fabulieren“* die Wirklichkeit und den Ernst des Ordenslebens keineswegs aus dem Auge verlor, zeigt ein Bildchen, das sie ihrer Schwester kurze Zeit nach der Gelübdeablegung schenkte, auf das sie geschrieben hatte: *„Andenken an den schönsten aller Tage ..., an jenen Tag, der alle Gnaden in sich schließt und bestätigt, mit denen Jesus und Maria Céline überhäuften ... Aus Liebe wird Céline von nun an die Dornen des Leidens und der Verachtung an ihr Herz drücken, aber sie fürchtet sich nicht, denn sie weiß aus Erfahrung, daß Maria das Blut, das den aus Liebe empfangenen Wunden entströmt, in*

Milch umzuwandeln vermag ...“[99]. Diese Ausdrucksweise ist sicher ungewohnt; aber sehr gewohnt ist die ihr zugrunde liegende Überzeugung, daß Maria die Bitterkeiten in Süße und die Härten des Lebens in Quellen innerer Fruchtbarkeit wandeln kann.

Auch die Bewahrung der Missionare vor dem Reinigungsort schreibt Theresia in ähnlicher Weise dem Wirken Mariens zu: *„Ich wollte einfach sagen: Mir scheint, alle Missionare sind dem Wunsch und dem Willen nach Martyrer, und infolgedessen müßte keiner von ihnen durch den Reinigungsort gehen. Bleibt in ihrer Seele zu dem Zeitpunkt, da sie vor Gott erscheinen, noch eine Spur menschlicher Schwachheit, so erlangt ihnen die Gottesmutter die Gnade, einen Akt vollkommener Liebe zu erwecken, und reicht ihnen die Palme und Krone, die sie so sehr verdient haben“*[100].

In der Unterweisung der Novizinnen

Die heilige Theresia bezeugt, daß sie bei der Erfüllung ihrer Aufgabe, die ihr im Februar 1893 als Gehilfin der Novizenmeisterin übertragen wurde, sich ganz auf die Hilfe Mariens verließ: *„Die Seligste Jungfrau zeigt mir, daß sie mir nicht böse ist; nie versäumt sie, mich zu beschützen, sobald ich sie anrufe. Gerate ich in Sorge oder Verlegenheit, so wende ich mich schnell zu ihr, und immer, als die zärtlichste der Mütter, nimmt sie sich meiner Sache an. Wie oft geschah es, wenn ich zu den Novizinnen redete, daß ich sie anrief und die Wohltat ihres mütterlichen Schutzes zu spüren bekam! . . ."*[101].

Noch deutlicher bringt sie ihre Rückbindung an Maria in einem Wort an die Novizinnen selbst zum Vorschein: *„Hier mein Geheimnis: Ich gebe Euch niemals einen Wink, ohne die Heilige Jungfrau anzurufen. Ich bitte sie, mir das einzugeben, was Euch am meisten gut tun soll; und ich selbst bin oft erstaunt über die Dinge, die ich Euch lehre. Ich fühle einfach, wenn ich sie Euch sage, daß ich mich nicht täusche und daß Jesus durch meinen Mund zu Euch redet"*[102].

Im Zeugnis der Schwester Martha von Jesus ist sehr eindrucksvoll hervorgehoben, wie sehr Theresia die ihre Anvertrauten unter dem Schutz der Gottesmutter wissen wollte, und daß sie *„nicht mehr damit aufhörte"*, wenn sie auf die Heilige Jungfrau zu sprechen kam. *„Sie empfahl mir, dieser guten Mutter mich ganz und gar anzuvertrauen und ihr gegenüber die Zärtlichkeit und die Einfachheit eines ganz kleinen Kindes zu haben. Einige Wochen vor ihrem Tod ließ sie mich rufen und sagt: ‚Ich werde nicht ruhig sein, was Ihre Dinge angeht. Sie müssen mir versprechen, jeden Tag ein Gedenke zur Heiligen Jungfrau zu beten.' Ich versprach es ihr und bin dem treu geblieben"*[103].

Die gleiche Eindringlichkeit leuchtet in einem anderen Zeugnis des Apostolischen Prozesses auf. Theresia führte ihre Novizinnen manchmal vor die Statue der Gottesmutter, um durch die Begegnung mit dem Bilde sozusagen eine direkte und unmittelbare Verbindung zwischen ihnen und Maria zu schaffen. So bezeugt eine von ihnen: *„Als ich bei ihr zur Unterweisung war und ich ihr Dinge zu sagen hatte, die auszudrücken mir schwerfiel, führte sie mich vor die Statue, die ihr in ihrer Jugend wunderbarerweise zugelächelt hatte, und sagte mir: ‚Nicht mir, sondern der Heiligen Jungfrau sollen Sie das sagen, was Ihnen schwerfällt. Auf! Fangen Sie rasch an!' Ich entledigte mich dessen, und sie hörte, nahe bei mir stehend, mein Geständnis an. Dann ließ sie mich die Hand der Heiligen Jungfrau küssen, gab mir ihre Ratschläge, und der Friede kehrte wieder in meine Seele zurück"*[104].

Kind Mariens

Wir sind hier bei einem entscheidenden Punkt der Marienverehrung der heiligen Theresia. Schon als von ihrem Besuch in der Pariser Kirche Notre-Dame-des-Victoires die Rede war, hieß es: *„Ich konnte sie nur noch mit dem Namen ‚Mama' anreden, denn er schien mir noch zärtlicher zu sein als der Name Mutter . . ."*[105]. Aus den Unterweisungen für die Novizinnen sehen wir, daß dieses zarte Empfinden nicht abnahm und daß sie ihnen empfahl, *„ihr gegenüber die Zärtlichkeit und Einfachheit eines ganz kleinen Kindes zu haben"*. Man darf und muß es als Gnade ansehen, wenn jemand in seiner Marienverehrung bis zu diesem Punkt vorstößt oder von der zuvorkommenden und helfenden Gnade bis zu diesem Punkt geführt wird, daß er sich spontan als Kind Mariens fühlt. Machen wir es uns klar, daß dieses Kindschaftsgefühl Maria gegenüber keine allzu subjektiv gefärbte Gefühlsseligkeit schwärmerischer Menschen bedeutet; es zeigt vielmehr auf, daß Maria in der Ebene der Gnade, in den Beziehungen der erlösten Seele zu Gott, eine echte Mutterschaft zukommt; und daß derjenige, der nicht bis zu diesem Zugehörigkeitsbewußtsein vorstößt, sich dieser wunderbaren Beziehung noch gar nicht bewußt geworden ist; daß also seine innere Wachheit an einer Unterentwicklung leidet.

Hier tritt Theresia verbessernd und vertiefend in

unser Zeitempfinden ein, durch welches das Kindschaftsbewußtsein Maria gegenüber allzu leicht als zu wenig männlich, als zu wenig erwachsen, als zu kindisch abqualifiziert wird. Das lebendige katholische Frömmigkeitsbewußtsein dagegen spricht Maria als *„Mutter Gottes und unsere Mutter"* an, und der wahrhaft gläubige und erleuchtete Mensch weiß, welch hoher Stellenwert dieser Mutterschaft Mariens unserer Seele gegenüber beizumessen ist. Gewiß ist diese Kindschaft ihr gegenüber der Kindschaft Gott gegenüber nachgeordnet, wie ja auch die Mittlerrolle Mariens der Mittlerschaft Jesu dem ewigen Vater gegenüber nie gleichgesetzt werden darf; dennoch bleibt sie eine Gnadenwirklichkeit. Die mütterliche Aufgabe Mariens am Leben der Gnade in unserer Seele hat schon damals begonnen, als sie zur Empfängnis Christi ihr großes Ja sprach, weil sie den Herrn nicht allein als nur auf sie selbst zugeordnetes Kind empfing, sondern weil sie den Herrn von Anfang an als das Haupt des mystischen Leibes in ihren Schoß aufnahm; weil dieses ihr Ja zu jeder Einzelberufung eines jeden Christen in einem wahrhaft grundlegenden Verhältnis steht, so daß ohne sie das Christsein schlechthin nie hätte zustande kommen können, auch wenn das von vielen, besonders von den in anderen Bekenntnissen stehenden Christen, nicht gesehen oder gar geleugnet wird. Dieses mütterliche Verhältnis Mariens gegenüber dem Gnadenleben unserer Seele wurde und wird weiterhin vertieft durch ihre Sorge für das irdische Leben ihres Sohnes, durch ihr Stehen unter dem Kreuz, durch ihr Mitbeten im Schoß der jungen Kirche um das Kommen des Heiligen Geistes, durch ihre ständige Fürsprache für die Kirche und jeden einzelnen am Throne Gottes bis zum Ende der Zeiten.

Man müßte diese Beziehungen Mariens, die unser Kindesverhältnis ihr gegenüber in einer objektiven Großartigkeit begründen, eigens studieren, wozu hier leider keine Möglichkeit besteht. Es muß hier ja vor allem von der Art und Weise gesprochen werden, wie die heilige Theresia diese Beziehung sieht. Aber wie lebendig, wie einmalig liebenswürdig kann sie uns ihr eigenes Empfinden aufzeigen und in einer gleichsam ansteckenden Frische verdeutlichen! So schreibt sie als etwa Zwanzigjährige im Oktober 1892 an ihre Schwester: *„Wie Zachäus sind wir auf einen Baum gestiegen, um Jesus zu sehen... Dann konnten wir mit Johannes vom Kreuz sagen: ‚Alles ist mein, alles ist für mich. Mein ist die Erde, mein der Himmel, Gott ist mein und die Muttergottes ist mein.' In bezug auf die Muttergottes muß ich Dir meine einfältigen Gedanken ihr gegenüber anvertrauen. Zuweilen überrasche ich mich, wie ich ihr sage: ‚Aber gute Muttergottes, ich finde, daß ich glücklicher bin als du. Denn ich habe dich zur Mutter, und du hast keine Heilige Jungfrau, die du lieben kannst ... Zwar bist du die Mutter Jesu, aber diesen Jesus hast du uns ganz und gar gegeben ... Und Er hat dich uns am Kreuz zur Mutter gegeben. So sind wir also reicher als du, weil wir Jesus besitzen und auch du uns gehörst. Einst wünschtest* *du in deiner Demut, einmal die Dienerin jener glücklichen Jungfrau zu werden, der die Ehre zuteil würde, die Mutter Gottes zu sein, und nun bin ich armes kleines Geschöpf nicht deine Dienerin, sondern dein Kind. Du bist die Mutter Jesu, und du bist meine Mutter.' Sicherlich wird die Heilige Jungfrau über meine Einfalt lächeln, doch das, was ich sage, ist durchaus wahr! . . .*"[106]. Noch einen Monat vor ihrem Tod kommt Theresia wieder darauf zu sprechen: „*Wir sind glücklicher als sie, denn . . . sie hat ja keine Allerseligste Jungfrau, die sie lieben kann . . . Das ist ein großer Vorzug für uns, aber ein Nachteil für sie! Oh, wie sehr ich doch die Allerseligste Jungfrau liebe! . . .*"[107].

Welch einfache Liebenswürdigkeit, welch liebenswürdige Einfachheit, mit der Theresia uns ihr Empfinden mitteilt! Wird es sich nicht lohnen, das sehr zu überdenken und dadurch in ein ähnliches Kindesverhältnis zu Maria zu kommen wie sie?

Um das rechte Verständnis des Marienlebens

Die Liebe ist für Theresia der Schlüssel, um das Leben Mariens in aller dem Evangelium entsprechenden Klarheit zu erschauen. Wichtig ist für sie, den Abstand zwischen sich und der Gottesmutter auch dadurch zu verkürzen, daß sie im irdischen Leben Mariens jene Züge entdeckt, die eine leichte Nachahmbarkeit bieten: ihre Einfachheit, ihr Leben aus dem Glauben, ihr Schweigen, ihre Leidensbereitschaft. „*Indem ich dein im Evangelium beschriebenes Leben betrachte, wage ich, dich anzuschauen und mich dir zu nahen. Mich als dein Kind anzusehen, ist nicht schwer für mich, denn ich sehe dich sterblich und leidend wie mich*"[108]. „*Das einzige Vorrecht der Seligen Jungfrau ist, daß sie von der Erbschuld ausgenommen war und Gottesmutter geworden ist. Und sogar zu diesem letzten Punkt sagt uns Jesus noch: ‚Wer den Willen meines Vaters tut, der ist mir Bruder, Schwester und Mutter'* "[109]. „*Wenn ich an das Leben der Heiligen Familie denke, tut mir die Vorstellung so wohl, wie unauffällig ihr Leben in Nazaret war. Ich bin sicher, daß sich die Frauen von Nazaret ganz gewöhnlich mit Maria unterhalten haben*"[110]. Und ein andermal ergänzend: „*Nicht die Arbeiten Marthas sind es, die Jesus tadelt; diesen Arbeiten hat sich seine göttliche Mutter ihr ganzes Leben lang demütig unterzogen, als sie die Mahlzeiten der Heiligen Familie zubereiten mußte"*[111]. Und im bereits erwähnten Gedicht *„Warum ich dich liebe, Maria"* spricht Theresia davon, daß *„keine Verzückungen, keine Wunder, keine Ekstasen"* das Leben Mariens in Nazaret umgaben.

Etwa einen Monat vor ihrem Tod ereifert sich Theresia geradezu, um dies alles noch einmal in großer Deutlichkeit hervorzuheben. Sie hat uns damit einen großen Dienst erwiesen und uns gezeigt, wie unsere Liebe zu Maria auf einer nüchternen Besinnung über ihr Leben und einer allen Übertreibungen fernen Besonnenheit aufruhen muß: *„Wie gerne hätte ich Priester sein mögen, um über die Allerseligste Jungfrau predigen zu können! Mir scheint, daß ein einziges Mal genügt hätte, um meinen Gedanken in dieser Sache restlos Ausdruck zu verleihen. Zunächst hätte ich gezeigt, wie wenig das Leben der Gottesmutter überhaupt bekannt ist. Man dürfte von ihr keine unwahrscheinlichen Dinge sagen, die man gar nicht bestimmt weiß: beispielsweise, daß sie als kleines Kind von drei Jahren bereits in den Tempel ging, um sich Gott in glühender Liebe und einem außergewöhnlich großen Seeleneifer aufzuopfern, während sie doch wahrscheinlich nur mitging, um ihren Eltern zu gehorchen. Warum spricht man auch davon, daß nach den prophetischen Worten Simeons im Tempel die Allerseligste Jungfrau die Passion Jesu vor Augen gehabt habe? ... ‚Ein Schwert des Schmerzes wird deine Seele durchbohren'*[112]. *Sie sehen wohl, meine Mutter, das ist eine Voraussage* *für später gewesen ... Damit eine Predigt über die Gottesmutter Frucht bringen soll, muß ihr wirkliches Leben vor Augen gestellt werden, so wie das Evangelium es tut, und nicht ihr Leben, wie man es sich vorstellt. Man errät leicht, daß ihr Leben in Nazaret und auch später ganz einfach verlief ... ‚er war ihnen untertan'*[113]. *Wie einfach ist das doch gesagt! Die Gottesmutter wird uns (sozusagen) als unnahbar vorgestellt. Es wäre besser, sie uns als nachahmbar vor Augen zu führen, wie sie ihr verborgenes Leben gleich uns verbrachte, und dabei das Evangelium zugrunde legen, worin es heißt: ‚Sie verstanden nicht, was Er sagte'*[114]. *Und an einer anderen Stelle: ‚Sein Vater und seine Mutter waren ganz verwundert über das, was man von ihm sagte'*[115]. *Dieses Verwundertsein bringt ein gewisses Erstaunen zum Ausdruck. Finden Sie das nicht auch, Mutter? Wie gerne singe ich doch: ‚Den schmalen Himmelsweg hast du uns gewiesen, indem du stets die einfachsten Tugenden übtest ...' "*[116].

Etwas später kam Theresia nochmals auf diese Sache zurück: *„Man ist sich wohl bewußt, daß die Gottesmutter die Königin des Himmels und der Erde ist, aber sie ist ‚mehr Mutter als Königin'. Man darf nun nicht hingehen und behaupten (wie ich es öfter hörte), auf Grund der ihr zuteil gewordenen Vorzüge stelle sie alle Heiligen so in den Schatten, wie die Sonne bei ihrem Aufgehen alle Sterne zum Erblassen bringt. Mein Gott, was ist das für eine Auffassung! Eine Mutter, die den Ruhm ihrer Kinder in den Hintergrund drängt! Ich denke genau das*

Gegenteil. Ich glaube, sie wird den Glanz der Auserwählten noch bedeutend erhöhen. Man hat leicht von ihren Vorzügen sprechen, aber damit darf man sich nicht begnügen. Es muß dafür gesorgt werden, daß sie geliebt wird. Wenn man eine Predigt über die Allerseligste Jungfrau hört und man dann von Anfang bis zum Ende gezwungen ist, innerlich auszurufen: Oh, Oh. . .', man ermüdet ja; und das alles trägt keineswegs dazu bei, zur Liebe und Nachahmung anzueifern. Man weiß sogar nicht, ob es bei einer Seele nicht soweit kommt, daß eine gewisse Entfremdung einem so hoch erhobenen Geschöpf gegenüber eintritt"[117].

Von hier aus ist das menschliche Leiden Mariens für Theresia besonders verehrungswürdig. Gern schließt sie sich in ihren Leiden an Maria an und will sie in deren Leiden trösten: *„Erheben wir uns über das Vergängliche. Halten wir Abstand von der Erde! Weiter oben ist die Luft so rein. Jesus verbirgt sich, aber man ahnt ihn. Indem man selbst Tränen vergießt, trocknet man die seinen, und die Gottesmutter lächelt dazu. Arme Mutter, sie hat so viel unseretwegen gelitten. Es ist nur recht, daß wir sie ein wenig trösten, indem wir mit ihr weinen und leiden . . ."*[118]. Theresia ist sehr mitfühlend mit den Leiden Mariens. Sie sieht, daß das Marienleben, wie gesagt, ohne Ekstasen verlief: *„Für seine Vertrauten jedoch, für seine Mutter, wirkt er keine Wunder, ohne vorher ihren Glauben zu prüfen. Ließ er nicht Lazarus sterben, obwohl Martha und Maria hatten sagen lassen, daß er krank sei? . . . Bei der Hochzeit* *zu Kana, als die Allerseligste Jungfrau bat, dem Hausherrn zu helfen, antwortete er ihr da nicht, seine Stunde sei noch nicht gekommen?"*[119]. Und ganz besonders schaut Theresia auf die Gottesmutter unter dem Kreuz: *„Hätte die Gottesmutter ebenso gelitten, wenn sie nicht am Fuß des Kreuzes ihres Jesus gestanden hätte?"*[120]. Ihre Schwester berichtet: *„Ich erklärte ihr, daß ich angesichts des bevorstehenden Todes* (Theresias) *sehr traurig sei, und welchen Schmerz es mir bereite, sie tot zu wissen. Sie antwortete mir ebenfalls traurig: ‚Die Allerseligste Jungfrau hielt ihren toten, entstellten und blutigen Sohn auf ihrem Schoß. Das war etwas anderes, als Sie mich hier erblicken werden! Oh, ich weiß nicht, wie sie das gemacht hat! ... Ich stelle mir vor, was aus Ihnen wohl würde, wenn man mich in einem solchen Zustand brächte? ... Responde mihi! ...' "*[121].

Auch sonst wehrt sich Theresia gegen die Vorstellung, das Leben Mariens sei ohne körperliche Leiden verlaufen: *„Ein Priester schrieb, die Allerseligste Jungfrau hätte keine körperlichen Leiden gekannt. Theresia sagte mir darauf: ‚Meine Mutter, indem ich heute abend zur Gottesmutter aufblickte, habe ich begriffen, daß das nicht zutrifft: sie hat nicht nur seelisch, sondern auch körperlich gelitten. Auf ihren Reisen hat sie viel Kälte, Hitze und Müdigkeit zu erleiden gehabt ... Sehr oft hat sie gefastet ... Ja, sie weiß, was leiden heißt!' "*[122].

Weitere Nachahmung Mariens

Es ging Theresia nicht nur darum, die Nachahmbarkeit Mariens aufzuzeigen und zu fordern, daß diese in den Darlegungen über sie zum Vorschein komme; noch weit mehr bemühte sie sich um ihre tatsächliche Nachahmung in den Dingen des Alltags. Das Schweigen Mariens und ihr Schauen auf den Willen Gottes sind für sie besonders wertvolle und nachahmenswerte Haltungen. Céline berichtet: „*Es war ihr gleichgültig, was man von ihr dachte, und zwar selbst dann, wenn die anderen am äußeren Anschein irgendeiner Sache Anstoß nahmen. Als sie, zu Beginn ihrer Krankheit, ein paar Minuten vor den Mahlzeiten Medikamente einnehmen mußte, geschah es zum Beispiel, daß eine alte Schwester sich darüber verwunderte und beschwerte, weil sie es gegen die Regel fand. Schwester Therese vom Kinde Jesus hätte nur ein einziges Wort sagen müssen, um sich reinzuwaschen und diese Schwester zu beruhigen. Aber sie hütete sich wohl, das zu tun, und nahm sich ein Beispiel an der Haltung der Gottesmutter, die sich lieber für ehrlos halten ließ, als daß sie sich dem heiligen Joseph gegenüber reingewaschen hätte. Therese sprach oft zu mir über dieses ganz schlichte und heroische Verhalten. Wie bei Maria war auch ihr wirksamstes Mittel das Schweigen. Sie liebte es ‚alles in ihrem Herzen zu bewahren‘, ihre Freuden wie ihre Leiden. Diese Zurück-*

haltung war ihre Stärke, der Ausgangspunkt ihrer Vervollkommnung sowie ihr äußeres Gepräge, denn ihre Bedachtsamkeit war bemerkenswert"[123]. Und Theresia selbst sagte bei einer anderen Gelegenheit, als sie mißverstanden worden war, voll Zärtlichkeit: *„Die Allerseligste Jungfrau hat wohl daran getan, alles in ihrem Herzen zu bewahren. Man kann es mir nicht verargen, wenn ich handle wie sie"*[124].

Wie sehr aber Theresia vor allem die Ausrichtung Mariens auf den Willen Gottes nachzuahmen versuchte, zeigt der weitere Bericht: *„Als sie ihren Wunsch äußerte, ‚nach ihrem Tod auf Erden Gutes zu tun', fügte sie die Bedingung hinzu, ‚in die Augen des lieben Gottes zu blicken, um zu wissen, ob es sein Wille sei.' Sie wies uns darauf hin, daß diese Hingabe der Bitte der Gottesmutter ähnle, die sich in Kana mit den Worten ‚sie haben keinen Wein mehr' begnügte. Auch Martha und Maria sagten nur: ‚Herr, den du lieb hast, der ist krank.' Sie nannte ganz einfach ihre Wünsche, ohne eine Bitte auszusprechen, und ließ Jesus die Freiheit, seinen Willen zu tun"*[125]. Die tatsächliche, wenngleich manchmal echten Opfergeist fordernde Nachahmung Mariens nahm bei Theresia demnach den ersten Platz ein.

Bußgesinnung

Verleihe mir, mein Gott, Verstand, dich zu erkennen, Eifer, dich zu suchen, und Weisheit, dich zu finden. Gib mir einen Lebenswandel, der dir wohlgefällt, Beharrlichkeit, die dich mit Zuversicht erwartet, und eine Treue, die einst am Ende dich umarmen darf. Laß mich, Herr, deine Strafen hienieden tragen durch den Geist der Buße und deine Wohltaten recht gebrauchen durch deine Gnade und so dereinst deine Freude im Vaterland genießen durch deine Herrlichkeit, der du lebst und herrschest, Gott von Ewigkeit zu Ewigkeit. Amen.

(St. Thomas von Aquin)

+

Ostersakramente 1958
München-Rosenkranzkönigin

Bild 584 St. Michael. Aus einem Fenster des Liebfrauendomes in München (entstanden: 2. Hälfte des 15. Jahrh.)

J. Pfeiffer's Kunstverlag, München 2

Das Gebet zur Gottesmutter

Nach all diesen Darlegungen versteht es sich von selbst, daß die Gebete, die Theresia an Maria richtete, von einem ganz großen Vertrauen getragen waren. Das eine Mal ist sie der Erhörung sicher: *„Ich sterbe nicht während der Nacht. Glaubt es mir! Ich habe das Verlangen gehabt, nicht nachts zu sterben, und habe die Allerseligste Jungfrau darum gebeten"*[126]. *„Ich bitte immer wieder die liebe Gottesmutter, dem lieben Gott zu sagen, auf mich keine Rücksicht zu nehmen. Sie nimmt sich meiner Aufträge so liebevoll an!"*[127]. Das andere Mal, nämlich im Falle der Nichterhörung, bleibt sie dennoch ruhig und ohne Enttäuschung: *„Wenn man die Gottesmutter angefleht hat und ist nicht erhört worden, dann soll man sie ruhig gewähren lassen, ohne zu drängen, noch sich zu beunruhigen"*[128].

In ihrer zarten Besorgnis, daß in allen Dingen nichts anderes geschehen soll und darf als der Wille Gottes, kommt Theresia zu einer sehr tiefen und zugleich sehr eigenständigen Auffassung in bezug auf die Gebetserhörung. Da die Geschmeidigkeit und Bereitschaft zur Annahme dessen, was Gott für uns will, ihre ganze Haltung unbedingt bestimmt, bringt sie alle Sicherungen an, daß dem nicht entgegengehandelt wird: *„Was die zeitlichen Gnaden betrifft, war sie sehr vorsichtig"*, berichtet Céline; „sie *glaubte, daß Gott ihr nichts verweigere, und übte* *große Zurückhaltung, ‚aus Angst', wie sie mir gestand, ‚Er könnte meinen, Er müsse mich erhören'. Deshalb erbat sie nur dann eine Gunst oder Erleichterung, wenn es darum ging, anderen Freude zu machen, und außerdem ließ sie ‚ihre Bitten durch die Heilige Jungfrau übermitteln'. Sie erläuterte das folgendermaßen: ‚Die Muttergottes bitten, ist nicht dasselbe wie den lieben Gott bitten. Sie weiß sehr gut, was sie mit meinen kleinen Wünschen zu tun hat, ob sie sie weitersagen soll oder nicht . . . schließlich ist es ihre Sache, darauf zu achten, daß der liebe Gott nicht gezwungen ist, mich zu erhören, daß Er ganz nach Seinem Willen tun kann' "*[129].

Was Sinn und Inhalt der Anrufung Mariens (und auch der Heiligen) bedeutet und ist, kommt hier in seltener Klarheit zum Vorschein. Es geht bei solchen Anrufungen nie und nicht im geringsten darum, daß durch die Fürsprache *„der seligen Himmelsbewohner"*, wie Theresia einmal sagt[130], etwas durchgesetzt werden soll, was den Absichten Gottes zuwiderläuft. Falls man deshalb je einmal aus Unbedachtsamkeit oder zu geringer Feinfühligkeit etwas würde erbitten wollen, was nicht völlig im Einklang stünde mit des höchsten Gottes heiliger Meinung, dann soll das Dazwischentreten einer Vermittlung dahin wirken, daß alle unreine Absicht des Bittstellers durch die klarere Einsicht des Vermittlers übergangen und ausgesiebt wird. Von der Mittlerschaft Mariens wird also zugleich erwartet, daß sie wirkt wie ein Filter. In diesen Mittlerdienst ist einbegriffen, daß alle weniger guten Wünsche, die der hinfällige Mensch in seiner Tolpatschigkeit vorgetragen hat, ausgeschieden und nur die wahrhaft guten vor Gottes Thron getragen werden. Freilich ist die Fürbitte der Gottesmutter, die man angerufen hat, dann zugleich eine mächtige Hilfe, um den göttlichen Absichten mit uns zu einer rascheren Verwirklichung zu verhelfen. Man wird also die oben genannten *„zeitlichen Gaben"* leichter Maria anvertrauen als hilfreicher *„Zwischeninstanz"*, damit die Güte der himmlischen Mutter ihre Kinder davor bewahrt, daß falsche oder weniger gute Bitten an Gott gerichtet werden. Jene Bitten aber, deren unbedingte Richtigkeit feststeht, wie etwa jene des Vaterunsers, habe keine weitere Klärung nötig.

„Warum ich dich liebe, Maria!“

Theresia hat außer einigen kleinen Theaterstücken auch manche Gedichte geschrieben. Sie hatte eine große Begabung für dramatische Gestaltung, und ihre dichterische Aussagekraft wird auch in ihren *„Selbstbiographischen Schriften“* immer wieder spürbar. So ist es nicht verwunderlich, daß ihre Liebe zu Maria auch in ihren Versen zum Ausdruck kommt. Darüber eine Gesamtdarstellung zu geben, ist wohl noch zu früh, da die kritische Ausgabe dieses Schaffens noch nicht beendet ist. Außerdem ist es so, daß sie im allgemeinen nur in dieser oder jener Strophe ihrer Gedichte Maria anredet oder von ihr spricht, abgesehen von ihrem letzten und zugleich größten Gedicht, das ganz der Gottesmutter gewidmet ist mit 25 Strophen von je 8 Zeilen: *„Pourquoi je t' aime, o Marie!“*

Im Laufe einer Unterredung mit ihrer ältesten Schwester sprach Theresia beiläufig von der Seligsten Jungfrau. Da nahm Marie de Sacré-Coeur die Gelegenheit wahr und bat ihr Patenkind, ihr über die Gottesmutter etwas zu schreiben. So verfaßte Theresia im Mai 1897 dieses Gedicht. *„Mein kleiner Gesang“*, sagte sie später, *„drückt alles aus, was ich denke, und was ich über die Heilige Jungfrau predigen würde, wenn ich Priester wäre . . .“*[131].

Auch unabhängig von der Bitte ihrer Schwester hatte Theresia selbst das gleiche Verlangen gehabt, wie Céline berichtet: *„Unsere liebe kleine Meisterin war schon sehr krank, als sie den Gesang ‚Warum ich dich liebe, o Maria' verfaßte. Sie legte ihr ganzes Herz hinein. Ich höre sie noch, wie sie mir sagte, sie wolle ‚vor ihrem Tod in einem Gedicht alle ihre Gedanken über die Heilige Jungfrau zum Ausdruck bringen' "*[132].

Man hat mit Recht gesagt, daß dieser Ausdruck *„alle ihre Gedanken"* nicht im strengen Sinne zu nehmen ist, weil Theresia sicher auch all das über Maria dachte, was die Kirche lehrt; und davon nimmt sie nur wenig in ihr Gedicht auf, höchstens in indirekten Wendungen. Es sind vielmehr ihre persönlichen Beweggründe gemeint, durch die sie sich zur Verehrung der Gottesmutter angetrieben fühlt. Weil es ihr aber darum geht, dieses ihr Denken und Empfinden möglichst klar zum Ausdruck zu bringen, ist es wohl angebracht, wenn wir ihr Gedicht im Anhang in einer eigenen Übersetzung wiedergeben, die weder das Versmaß noch den Reim berücksichtigt; nur so kann die Aussage als solche unverkürzt zum Vorschein kommen.

Alles, was wir früher über die Eigenart der Marienverehrung Theresias gesagt haben, kehrt in ihrem großen Gedicht wieder. Sie bleibt sich in ihren Auffassungen völlig treu. Sie legt die Berichte des Evangeliums zugrunde und bietet somit eine Art kurzes *„Marienleben"*, jedoch nicht in einem nur wissenschaftlich beschreibenden Sinn; ihre eigene Beziehung, ihre Kindesbeziehung zu Maria, ihre Liebe zur Gottesmutter ist grundlegend hineingeflochten. Schon gleich zu Beginn lehnt Theresia es ab, in Maria eine Größe zu preisen, die nicht nachgeahmt werden kann. Damit ein Kind seine Mutter lieben kann, müssen Nähe und Vertrautheit herrschen. So besingt Theresia die Einfachheit des Lebens der Gottesmutter und die Übung der verborgenen Tugenden; sie rühmt besonders ihre Demut und ihren unbedingten Gehorsam; immer erspäht sie die gewöhnlichen und unauffälligen Umstände ihres Lebens; und immer fühlt sie Mitleid mit der schmerzensreichen Jungfrau. Es kommt ihr darauf an, daß eine ganz schlichte und aufrichtige Liebe auch uns, die Leser, erfüllt, so daß wir gern mit Maria unseren Lebensweg gehen, weil dieser unser Weg im Grunde genommen nichts anderes verlangt als der ihrige und umgekehrt. Durch die Vertrautheit mit ihr sollen wir zur liebenden Gemeinschaft mit Jesus kommen.

Marienliebe bis zum Tod

Es konnte nicht anders sein: Wenn Theresia zeit ihres Lebens so eng mit Maria verbunden war und ihr ganzes Empfinden sich ständig zur Gottesmutter hinkehrte, dann rissen die Äußerungen ihrer Liebe auch in den letzten Monaten ihres Lebens und bis zum Tod hin nicht ab. Tatsächlich sprach Theresia gerade in dieser Zeit immer wieder von ihrer himmlischen Mutter; manches davon haben wir schon angeführt. Soweit es nur möglich war, nahm die Innigkeit ihrer Liebe immer noch zu. So sang sie zu Beginn des Monats August 1897 vor sich hin, indem sie zur wundertätigen Statue der Gottesmutter aufblickte:

„Wann wohl wird sie kommen, meine liebe Mutter,
Wann wohl wird jener schöne Tag anbrechen,
An dem ich aus dieser irdischen Verbannung
Zur ewigen Heimat fliegen werde?"[133]

Noch zwei volle Monate sollte sich das Leiden in „*dieser irdischen Verbannung*" hinziehen.

Während Theresia immer mehr den Zerfall ihrer Kräfte bemerkt, der schon geraume Zeit vor diesen letzten Wochen eingesetzt hatte, beschäftigt sie lebhaft die mißliche Lage, daß sie als junge Schwester der Ordensgemeinschaft zur Last fallen muß. Aber auch diese Not trägt sie zu Maria hin und ist froh, daß die Gemeinschaft selbst sie der Gottesmutter empfiehlt: *„Meine Mutter, was mich vor allem rührt, ist die Novene zu Unserer Lieben Frau vom Siege, es sind die heiligen Messen, die Sie für meine Meinung lesen lassen. Ich fühle, daß all diese geistlichen Schätze meiner Seele sehr wohltun. Bei Beginn der Novene sagte ich Ihnen, meine Mutter, die Heilige Jungfrau müsse mich entweder gesund machen oder in den Himmel entführen, denn ich fand es für Sie und die Kommunität sehr betrüblich, eine junge kranke Nonne zur Last zu haben. Jetzt will ich gern mein ganzes Leben lang krank sein, wenn das dem lieben Gott gefällt. Ich bin sogar damit einverstanden, ein sehr langes Leben zu haben. Als einzige Gnade ersehne ich, daß die Liebe es zerbreche"*[134].

Nach diesen Worten sieht es so aus, als ob das Problem für sie nun überwunden sei. Zwar hegt sie immer eine zarte und rücksichtsvolle Liebe für ihre Mitschwestern, etwa wenn sie sagt: *„Gestern abend bat ich die Gottesmutter, daß ich nicht mehr zu husten brauche, damit Schwester Genoveva schlafen könne; aber ich fügte bei: ‚Wenn du mich nicht erhörst, werde ich dich noch mehr lieben' "*[135] (wir erwähnten dies schon). Später jedoch, als sich das Leiden hinzog und immer mehr zum Rand des Erträglichen kam, seufzte Theresia erneut, indem sie zur Statue der Gottesmutter aufblickte: *„Meine liebe himmlische Mutter, schau den Grund an, weshalb ich gerne weg möchte: Ich überanstrenge die Krankenwärterin und fühle, daß ich meinen Schwester-*

chen Kummer mache, weil ich so schwer krank bin. Ja, ich möchte fort"[136].

Auch für Theresia persönlich und für das Durchstehen ihrer furchtbaren Schmerzen wird die Hilfe Mariens immer notwendiger; immer inständiger fleht sie darum und läßt die anderen darum bitten: *„Oh! Meine kleine Schwester Geneviève (Céline), flehen Sie die Heilige Jungfrau für mich an! Ich würde sie so sehr anflehen, wenn Sie krank wären! Für sich selbst wagt man nicht zu bitten"*[137]. Mutter Agnes berichtet: *„Ich wies Theresia darauf hin, daß sie weniger litt, während ich bei ihr weilte. ‚Oh, genau so viel! Viel, viel leiden! Doch ich habe der lieben Gottesmutter das alles geklagt' "*[138]. Und noch drängender: *„Vielleicht werde ich noch die Besinnung verlieren. Oh, wüßte man, was ich empfinde! Als ich in der verflossenen Nacht nicht mehr konnte, bat ich die Muttergottes, meinen Kopf in ihre Hände zu nehmen, um es noch länger ertragen zu können"*[139].

Hier soll noch kurz hervorgehoben werden, daß die Heilige in besonderer Weise ihre Glaubensnacht Maria anvertraute. Theresia litt schwer unter Versuchungen gegen den Glauben und unter ihrem körperlichen Zustand. Sie wandte sich mit folgendem Lobgesang an die Gottesmutter: *„Weil der Sohn Gottes wollte, daß seine Mutter der Nacht und der Seelennot ausgeliefert werde, ist es da nicht wertvoll, auf Erden zu leiden? Ja, liebend leiden, das ist das reinste Glück! Alles, was Jesus mir gegeben hat, kann er sich wieder holen. Sage ihm, er möge mir* *gegenüber keine Rücksicht nehmen. Wohl kann er sich verbergen — ich bin damit einverstanden, abzuwarten, bis der Tag sich neigt, da der Glaube aufhört zu sein"*[140]. Einen Monat später war es in der Seele Theresias noch dunkler geworden: *„Ich unterhielt mich mit Theresia über den Himmel und wies hin auf den Heiland und die Gottesmutter, die mit Leib und Seele dort sind. Da entrang sich ihrer Brust ein Seufzer. ‚Oh, durch diesen Seufzer sagen Sie mir, wie schwer Sie innerlich leiden.' ‚Ja, muß man denn den lieben Gott und die Allerseligste Jungfrau so lieben und derartige Gedanken haben! ... Aber dabei bleibe ich nicht stehen ...' Mit diesen Worten spielte Theresia auf die schwere innere Prüfung an, von der sie heimgesucht war"*[141]. Trotz allem aber hätte sie nicht aus dieser Glaubensnacht ausbrechen wollen; nein, die wollte sie ertragen und durchstehen: *„Ich habe kein Verlangen danach, den lieben Gott auf Erden zu sehen. O nein! Und dennoch liebe ich ihn! Ich liebe auch die Allerseligste Jungfrau und die Heiligen sehr, aber auch sie möchte ich (hienieden) nicht sehen. Ich möchte aus dem Glauben leben"*[142].

Es ist ergreifend, zu beobachten, wie sich Theresia gerade auch noch an ihrem Sterbetag mit besonderer Innigkeit zu wiederholten Malen an Maria wendet; das ist ein letzter Beweis ihrer großen und wahrhaft unauslöschlichen Marienliebe. Mutter Agnes schreibt: *„Während der heiligen Messe behielt ich Theresia im Auge. Sie sagte kein Wort. Sie war ganz erschöpft und keuchte. Ihre Leiden, wie* *ich erraten konnte, waren einfach unaussprechlich. Sie faltete für einen Augenblick die Hände und schaute zur Statue der Gottesmutter empor, die ihrem Bett gegenüberstand: ‚Oh, ich habe sie ja so innig angefleht. Aber das ist die reinste Todesangst ohne den geringsten Trost . . .' ‚O mein Gott! Ich liebe ihn, den lieben Gott! O meine himmlische Mutter, komm mir zu Hilfe! . . .'*[143]. *Gegen 3 Uhr kreuzte sie die Arme über der Brust. Unsere Mutter Priorin legte ihr ein Bild Unserer Lieben Frau vom Berge Karmel auf die Knie. Sie schaute dies einen Augenblick an: ‚Ja, es scheint mir, daß ich niemals etwas anderes gesucht habe als die Wahrheit . . . Ja, ich habe die Demut des Herzens begriffen' "*[144]. Offenbar meinte sie: „*Wie Maria*", denn sie blickte ja auf das Bild der Gottesmutter. Was für ein großes und erschütterndes Selbstzeugnis im Angesicht des Todes, daß Theresia von sich sagen konnte, wie Maria nichts anderes gesucht zu haben als die Wahrheit und die Herzensdemut begriffen zu haben, die nirgendwo klarer zum Vorschein kam als im Herzen der Gottesmutter!

Als um 6 Uhr abends die Angelusglocke läutete, richtete Theresia zum letzten Mal ihren Blick auf die Statue, zu der sie seit ihrer frühesten Kindheit so oft aufgeschaut hatte[145]. Mit diesem letzten Blick nahm sie noch einmal ihre Zuflucht zu Maria, der sie sich bis ins Sterben hinein als ihrer himmlischen Mutter anvertraute.

Wertung

Wenn man diese vielen Aussagen der Heiligen von Lisieux über die Gottesmutter und ihre Hinweise auf sie überdenkt, kann man nicht genug staunen über diese Fülle, die wir finden. Theresia ist doch bereits als junge Nonne von 24 Jahren gestorben! Und doch ist all dies nur ein Teil, wenn auch ein sehr wichtiger, aus ihrer gesamten geistlichen Lehre. Doch hier gilt eben auch, was Pius XI. hinsichtlich ihrer Gesamtbedeutung sagte, als er sie ein *„Wort Gottes"* nannte: Theresia hat uns nach Absichten und im Auftrag Gottes so viel über Maria zu sagen und über die Liebe, die wir zur Mutter des Herrn hegen sollen.

Was uns an der Art dieser Marienverehrung besonders berührt, ist die Frische und Lebendigkeit gelebter Beziehungen. Wir müssen uns immer wieder klarmachen, daß Theresia die Gottesmutter wirklich gesehen hat und daß sie ihr deshalb geistigerweise immer vor Augen stand. Die Erinnerung an Maria war unvergeßlich. Daraus entsprang dann einerseits eine zarte und zugleich begeisterte Liebe. In Theresias Verehrung der Gottesmutter wirkt nichts abstrakt und doktrinär. In den verschiedenen Lagen ihres Lebens fühlt sie sich mit Maria verbunden, bereits als Kind, dann als Mädchen, schließlich als Ordensfrau. Immer wieder empfindet sie es als ein Glück, diese Jungfrau und Mutter aus vollem Herzen lieben zu dürfen. So sehr füllt sie diese Liebe aus, daß Maria ihr niemals verborgen bleibt, auch wenn sonst alles undurchsichtig und dunkel wird. Und immer hat sie durch den Blick auf die Mutter des Herrn eine Wegweisung und einen Trost, so daß sie sich veranlaßt fühlt, das Leben Mariens mit ihrer ganzen Kraft nachzuleben.

Machen wir es uns deutlich, daß die Erscheinung der Gottesmutter, durch welche Theresia geheilt wurde, anders war als die Erscheinungen von Lourdes und Fatima. Hier erhielten die Seherkinder klare Aufträge. Sie hören die Gottesmutter sprechen und müssen ihre Botschaft der ganzen Welt vermitteln. „*Die Jungfrau vom Lächeln*" aber sagt nichts; sie zeigt sich nur und heilt Theresia von schwerer Krankheit. Das scheint jedoch einen tiefen Sinn zu haben: Theresia war berufen, den „*Kleinen Weg*" zu zeigen, der auf alle Außergewöhnlichkeiten verzichtet und dem auch keine Außergewöhnlichkeiten geschenkt werden sollen. So kann also diese Erscheinung der Gottesmutter nicht als Grundlage für die Botschaft Theresias an jene dienen, denen sie diesen Kleinen Weg zeigen soll. Freilich war das Erlebnis der Schau für sie immer eine Hilfe, um sich in den Aussagen über Maria nicht zu täuschen. Die Grundlage für diese Aussagen muß Theresia also anderswo finden, und zwar im Evangelium, das allen zugänglich ist und das sie unablässig betrachtet. So kommt sie zu der Forderung, daß eine Predigt über die Gottesmutter ihr wirkliches Leben zugrunde legen muß, wie das Evangelium es sichtbar macht. Im Evangelium entdeckt sie Maria gerade auf dem Weg der Einfachheit, auf dem sie die schlichtesten Tugenden des gewöhnlichsten Alltags übte. Man sieht hier sehr deutlich, wie die Lehre Theresias vom Kleinen Weg und ihre Verehrung der Gottesmutter miteinander verflochten sind und im Grunde eine Einheit bilden. Der Kleine Weg war vor allem der Weg der Gottesmutter, und sie hat, wie Theresia in ihrem großen Gedicht sagt, den Weg zum Himmel durch die Übung der verborgenen Tugenden sichtbar gemacht.

Die Verehrung der Heiligen Jungfrau durchdringt Theresias ganzes Leben; sie befindet sich in einer dauernden Nähe zu Maria. Als Kind schon wünscht sie, unter dem Mantel Mariens geborgen zu werden. Als Erstkommunikantin weiht sie sich der himmlischen Mutter wie ein Kind, das sich ihr in die Arme wirft. Als Mädchen trägt sie ihre Seelennöte hin vor das Gnadenbild Unserer Lieben Frau vom Siege. Sie freut sich, daß sowohl ihr Eintritts- wie auch ihr Profeßtag auf ein Marienfest fällt. Sie verrichtet keine Arbeit, sie gibt keine Unterweisung, ohne sich an Maria gewandt zu haben. Ihre Weihe an die erbarmende Liebe geschieht vor der wundertätigen Statue. Nichts fürchtet Theresia so sehr wie eine Entfremdung, wie eine Vergrößerung des Abstandes zu Maria. Die ganzheitliche Bergung, die sie sucht, kommt unter anderem auch darin zum Ausdruck, daß kein Tag vergeht, an dem sie nicht das „Gedenke" des heiligen Bernhard betet, in dem so klar ausgesprochen ist, daß noch nie jemand ohne Mariens Hilfe blieb, der sie darum anrief.

Diese dauernde Gemeinschaft mit Maria ist auch dauernd geprägt vom Mutter-Kind-Verhältnis. Das Vertrauen auf sie und die Nähe zu ihr ist begründet im Muttersein der Allerseligsten Jungfrau uns gegenüber. *„Damit ein Kind seine Mutter liebhaben kann, muß sie mit ihm weinen und seine Schmerzen teilen"*; und gerade dies tut die Mutter des Herrn auch in bezug auf uns. Sie ist *„mehr Mutter als Königin"*. Man kann sich in allen Nöten ihr anvertrauen, und deshalb soll man es auch tun. Die kindliche Liebe zu ihr soll alle veranlassen, bei ihr in jeder Schwierigkeit Hilfe zu suchen und zu glauben, daß sie sich aller unserer Anliegen annimmt, selbst wenn sie uns einmal nicht zu hören scheint. *„Welche Freude, zu denken, daß diese Jungfrau unsere Mutter ist! Weil sie uns liebt und unsere Schwachheit kennt, was habe ich da zu fürchten?"*[146]. Über ihr Sprechen zu Gott sagt Theresia einmal: *„Ich sage dem lieben Gott ganz einfach, was ich ihm sagen will, ohne schöne Phrasen zu machen, und Er versteht mich immer"*[147]. In genau der gleichen Weise wendet sie sich auch an Maria. Damit weist sie zugleich auf das hin, was manchmal auch von Verehrern der Jungfrau allzu leicht übersehen wird: Wenn Maria nicht mehr als Mutter gesehen und empfunden wird, wird das Verhältnis zu ihr steif, und der Abstand wächst. Durch die lebendige Mutter-Kind-Beziehung dagegen entgeht man dieser Gefahr; und selbst das Bewußtsein der eigenen Kleinheit und des eigenen

Versagens drückt nicht mehr nieder, weil es sofort aufgefangen wird vom Wissen um das Vorhandensein einer unbedingten und ständigen mütterlichen Güte.

Daß die heilige Theresia diese Hingabe nicht in einem quietistischen Sinn versteht, wo man nur empfangen, nicht aber geben und sich Mühe machen will, wird wohl hinreichend deutlich geworden sein. Schon als Mädchen überwindet sie sich sehr und unterzieht sich einem großen Opfer *„ganz allein um der Muttergottes willen"*. Sie übt die kleinen und verborgenen Tugenden wie Maria und mit Maria, soviel sie nur kann. Sie ahmt ihre Armut und ihr Schweigen nach und vereinigt ihre Leiden mit denen der schmerzensreichen Jungfrau. Liebe bedeutet für sie immer ein Sich-selbst-Vergessen, und gerade von Maria lernt sie, *„die brennende Liebe zu üben"*[148].

Von hier aus noch ein Letztes; und es ist zugleich wohl das Höchste, was man über Theresia in dieser Hinsicht aussagen kann: sie ist so sehr in die Nachahmung Mariens eingegangen, daß sie selbst ein getreues Abbild von ihr wurde. *„Ihre Verehrung hat aus Theresia die genaueste Nachbildung der Jungfrau Maria gemacht, die möglich ist, da sie in all ihrem Denken, Fühlen und Wollen wie Maria voranging"*[149]. Eine Voraussetzung dafür findet der bekannte Philosph Jean Guitton in einer auch charakterlichen Ähnlichkeit zwischen Theresia und der Gottesmutter; durch die ständigen Bemühungen, sich auch der inneren Haltung nach anzugleichen, wird sie dann zum getreuen Nachbild. Jean Guitton sagt: *„Das Leben Theresias verlief wie jenes der Jungfrau in den gewöhnlichen Bedingungen, in der scheinbaren Leichtigkeit und ohne Aufsehen. Sie hatte, soweit wir das erschließen können, eine charakterliche Ähnlichkeit mit der Jungfrau: ihr Temperament, ihre eigene Natur scheinen dem mehr zu entsprechen, was wir von Maria erahnen können, als dem Temperament und der eigenen Natur der heiligen Teresa von Avila. Theresia hatte unter den Heiligen, die wir kennen, in einem seltenen Grad eine Ähnlichkeit der Natur mit der Jungfrau, wie wir sie durch den heiligen Lukas kennen. Beide haben etwas Direktes, Klares, Frisches an sich, ohne Umschweife und Kompliziertheit. Sie sind weise durch äußerste Konzentration, manchmal aufjubelnd, doch sehr schnell wieder ans Schweigen zurückgebunden, gerne auf Zeichen hinhorchend, ohne sie jedoch zu suchen“*[150].

So lädt uns Theresia ein zu kindlichem Vertrauen auf Maria, zu einer ganzheitlichen Übergabe unserer selbst in ihre mütterlichen Hände[151]. Und wir können wohl hinzufügen: Theresia selbst ist für uns zum Abbild des Lächelns der Allerseligsten Jungfrau geworden, jenes Lächelns, das sie als Kind in aller Wirklichkeit schauen durfte: *„Plötzlich schien mir die Muttergottes schön, so schön, daß ich nie Schöneres gesehen hatte. Ihr Antlitz atmete unaussprechliche Güte und Zärtlichkeit. Was mir aber bis ins Innerste der Seele drang, das war das bezaubernde Lächeln der Seligen Jungfrau.“*

Anhang

„Warum ich dich liebe, Maria!"

Ich möchte singen, Mutter, warum ich dich liebe,
warum dein so süßer Name
mein Herz aufjubeln läßt,
und warum es meiner Seele
keinen Schrecken einflößen kann,
an deine höchste Größe zu denken.
Wenn ich dich in deiner
erhabenen Glorie betrachten würde,
wie du den Glanz aller Seligen überschreitest,
dann könnte ich nicht glauben,
daß ich dein Kind bin;
ach, dann müßte ich vor dir, Maria,
die Augen senken.

Damit ein Kind seine Mutter liebhaben kann,
muß sie mit ihm weinen
und seine Schmerzen teilen.
Du Königin meines Herzens,
wie viele Tränen hast du vergossen
auf dem fremden Gestade,
um mich an dich zu ziehen!
Wenn ich dein Leben betrachte,
wie es das Evangelium beschreibt,

wage ich es, dich anzuschauen
und mich dir zu nähern;
dann fällt es mir nicht schwer,
mich als dein Kind anzusehen,
denn hier sehe ich dich sterblich
und leidend wie mich selbst.

Als ein Engel des Himmels dir anbot,
die Mutter jenes Gottes zu sein,
der durch die ganze Ewigkeit herrschen soll,
sehe ich — welch staunenswertes Geheimnis! —,
daß du dennoch
den unaussprechlichen Schatz
der Jungfräulichkeit bevorzugst;
und ich begreife, du unbefleckte Jungfrau,
daß deine Seele
dem Herrn lieber ist als seine göttliche Einkehr;
ich begreife, daß deine demütige
und mild umfriedete Seele
meinen Jesus umfängt, den Ozean der Liebe!

Ich liebe dich und ich nenne dich die kleine Magd
dieses Gottes, den du
durch deine Demut entzückst.
Diese große Tugend macht dich allmächtig;
sie zieht die heilige Dreifaltigkeit in dein Herz.
Sodann bedeckt dich der Geist der Liebe
mit seinem Schatten,
und der Sohn, dem Vater wesensgleich,
hat in dir Fleisch angenommen . . .
Da die Zahl seiner sündigen Brüder

sehr groß sein wird,
muß man Jesus deinen Erstgeborenen nennen.

O Maria, du weißt es: trotz meiner Kleinheit
besitze ich wie du in mir den Allmächtigen.
Doch wenn ich meine Schwäche sehe,
zittere ich nicht,
denn der Reichtum der Mutter
gehört auch dem Kind . . .
Ich bin dein Kind, o vielgeliebte Mutter!
Deine Tugenden, deine Liebe,
gehören sie nicht mir?
Wenn die weiße Hostie in mein Herz niedersteigt,
glaubt Jesus, dein sanftes Lamm,
in dir selbst zu ruhen!

Du läßt es mich empfinden: es ist nicht unmöglich,
auf deinen Spuren zu wandeln,
du Königin der Auserwählten!
Du hast den schmalen Weg zum Himmel
sichtbar gemacht,
indem du stets die schlichtesten Tugenden übtest.
Maria, wenn ich bei dir bin,
freut es mich, klein zu bleiben;
dann sehe ich die Eitelkeit
der großen Dinge hienieden.
Bei der heiligen Elisabeth,
die deinen Besuch empfing,
lerne ich, die brennende Liebe zu üben.

Milde Königin der Engel, kniend höre ich dort

den heiligen Gesang, der aus deinem Herzen quillt;
so lehrst du mich, den göttlichen Lobpreis zu singen
und mich zu rühmen in Jesus, meinem Retter.
Deine Worte voll Liebe sind geheimnisreiche Rosen,
welche die künftigen Jahrhunderte
mit ihrem Duft erfüllen sollen.
Große Dinge hat der Allmächtige an dir getan;
ich will sie bedenken, um ihn dafür zu preisen.

Da nun der gute heilige Joseph
das Wunder nicht kennt,
das du in deiner Demut verbergen möchtest,
läßt du ihn jenem Tabernakel ganz nahe weinen,
der die göttliche Schönheit des Erlösers verbirgt.
O wie liebe ich dein beredtes Schweigen!
Es ist für mich süße und klangreiche Musik,
die mir von der Größe und der Allmacht
einer Seele spricht,
die ihre Hilfe allein vom Himmel erwartet.

Später, in Bethlehem, o Joseph, o Maria,
sehe ich euch von allen Einwohnern abgewiesen.
Niemand will arme Fremde
in seiner Herberge aufnehmen . . .
Der Platz ist für die Großen.
Der Platz ist also für die Großen;
so muß die Königin des Himmels
Gott in einem Stalle gebären.
O Mutter des Erlösers,
wie finde ich dich liebenswert!
Wie finde ich dich groß an einem so armseligen Ort!

Wenn ich den Ewigen in Windeln gewickelt sehe
und das schwache Schreien des ewigen Wortes höre,
sollte ich wohl in diesem Augenblick, Maria,
die Engel beneiden?
Ihr anbetungswürdiger Herr
ist ja mein geliebter Bruder!
O wie ich dich preise,
die du diese göttliche Blüte
auf unseren Ufern zur Entfaltung kommen ließest!
Wie ich dich liebe,
wie du die Hirten und Weisen anhörst
und sorgfältig alles in deinem Herzen bewahrst!

Ich liebe dich, wenn du dich
unter die andern Frauen mischest,
die ihre Schritte zum heiligen Tempel hin lenken;
ich liebe dich, die du den Retter unserer Seelen
dem ehrwürdigen Greis darreichst,
der ihn in seine Arme schließt.
Zunächst höre ich voll Freude seinen Lobpreis;
doch bald bringen mich seine Worte dazu,
Tränen zu vergießen,
weil Simeon einen prophetischen Blick
in die Zukunft taucht
und dir ein Schwert der Schmerzen ankündigt.

O Königin der Martyrer, dieses Schmerzensschwert
wird dir bis zum Abend deines Lebens
das Herz durchbohren.
Und siehe, schon mußt du
den Heimatboden verlassen,

um der eifersüchtigen Wut
eines Königs auszuweichen.
Jesus schläft friedlich
unter den Falten deines Schleiers;
Doch Joseph kommt, um dich zu bitten,
augenblicklich aufzubrechen.
Sogleich auch zeigt sich dein Gehorsam:
Du brichst auf ohne eine Verzögerung
und ohne Widerspruch.

Im Lande Ägypten, so scheint mir, Maria,
bleibt dein Herz
inmitten der Armut dennoch fröhlich;
ist denn nicht Jesus die schönste Heimat?
Was bedeutet dir schon die Verbannung!
Du besitzest ja den Himmel!
Aber in Jerusalem überflutet dein Herz sofort
eine bittere Traurigkeit wie ein weites Meer:
Drei Tage lang verbirgt sich Jesus
deiner Zärtlichkeit.
Ja, das ist nun gewiß die Verbannung
in all ihrer Härte.

Endlich erblickst du ihn,
und deine Liebe trägt dich hin . . .
Du sagst zu dem herrlichen Kind,
das die Gelehrten entzückt:
„Mein Sohn, warum handelst du in solcher Weise?
Siehe, dein Vater und ich,
wir suchten dich unter Tränen! . . ."
Doch der Sohn Gottes (welch tiefes Geheimnis),

antwortet der Mutter,
die er liebt, und der er die Arme entgegenstreckt:
„Warum suchtet ihr mich? . . .
An die Werke meines Vaters
muß ich jetzt schon denken . . .
Wußtet ihr das nicht?"

Das Evangelium zeigt mir Jesus,
zunehmend an Weisheit,
wie er Maria und Joseph unterworfen bleibt.
Mein Herz offenbart mir,
mit welchem Feinempfinden
er seinen geliebten Eltern immer gehorcht.
Jetzt verstehe ich das Geheimnis
des Ereignisses im Tempel,
den Tonfall in der Antwort
meines liebenswürdigen Königs.
Mutter, dieses Kind voll Güte möchte,
daß du für die Seele,
die ihn in der Nacht des Glaubens sucht,
Vorbild seiest.

Da der König der Himmel gewollt hat,
daß seine Mutter
der Nacht unterworfen war
und der Angst des Herzens —
Ist es dann nicht ein hohes Gut,
auf Erden zu leiden?
O ja! In Liebe leiden, das ist das lauterste Glück!
Alles, was er mir gab,
kann Jesus auch wieder nehmen.

Sag ihm, er möge niemals
auf mich Rücksicht nehmen!
Gerne kann er sich verbergen,
und ich bin einverstanden, auf ihn zu warten
bis zum Tag ohne Untergang,
wo mein Glaube erlöschen darf.

Ich weiß, Jungfrau voll der Gnaden,
daß du ganz arm
in Nazaret lebtest
und nichts weiter verlangtest:
Keinerlei Verzückungen, Wunder oder Ekstasen
verschönten dein Leben,
du Königin der Auserwählten!
Die Zahl der Kleinen ist ja so groß auf Erden;
sie können ohne Zittern zu dir die Augen erheben,
Weil es dir gefiel, du unvergleichliche Mutter,
auf dem gewöhnlichen Weg zu gehen,
um sie zum Himmel zu führen!

Während dieser traurigen Verbannung,
meine geliebte Mutter,
will ich mit dir leben und jeden Tag dir folgen.
Jungfrau, wenn ich dich betrachte,
tauche ich entzückt tief unter
und entdecke in deinem Herzen
die Abgründe der Liebe.
Dein mütterlicher Blick verbannt all meine Ängste;
er lehrt mich, wie ich weinen soll
und wie mich freuen.
Anstatt die Tage heiliger Feste zu verachten,

willst du auch sie mit uns teilen
und bist bereit, sie zu segnen.

Wie du die Unruhe der Brautleute in Kana bemerkst,
die sie nicht verbergen können,
weil ihnen der Wein ausgeht,
sagst du es in deiner Sorge dem Erlöser,
Hilfe erhoffend von seiner göttlichen Macht.
Zunächst scheint Jesus deine Liebe zurückzuweisen:
„Frau", antwortet er,
„was berührt das dich und mich?"
Aber im Grunde seines Herzens
heißt er dich seine Mutter,
und sein erstes Wunder wirkt er für dich!

Als eines Tages die Sünder die Lehre dessen hörten,
der sie im Himmel aufnehmen möchte,
finde ich dich, Mutter, mit ihnen auf dem Hügel.
Irgend jemand sagt Jesus,
daß du ihn sehen möchtest.
Da zeigt dein göttlicher Sohn vor der ganzen Menge
die Unermeßlichkeit seiner Liebe zu uns und sagt:
„Wer ist mein Bruder und meine Schwester
und meine Mutter,
wenn nicht jener, der meinen Willen tut?"

O unbefleckte Jungfrau, o zärtliche Mutter!
Du betrübst dich nicht, da du dies von Jesus hörst;
vielmehr freust du dich,
daß er uns begreiflich macht,
daß hienieden unsere Seelen
zu seiner Familie werden.

Ja, du freust dich, daß er uns sein Leben mitteilt,
die unendlichen Schätze seiner Gottheit.
Wie sollten jene dich nicht lieben,
dich nicht preisen, Maria,
die deine Großmut uns gegenüber wahrnehmen?

Wirklich, du liebst uns, wie Jesus uns liebt,
und du willigst ein, um unseretwillen
ihm fern zu bleiben.
Lieben heißt ja, alles hergeben
und dazu noch sich selbst schenken;
du wolltest dies bekräftigen,
indem du uns Stütze bleibst.
Der Erlöser kannte deine unendliche Zärtlichkeit,
er wußte um die Geheimnisse
deines mütterlichen Herzens . . .
Zuflucht der Sünder, dir vertraute er uns an,
um uns, nachdem er das Kreuz hinter sich ließ,
im Himmel zu erwarten.

Du zeigst dich mir, Maria,
droben auf dem Kalvarienberg
aufrecht stehend und ganz nahe beim Kreuz
wie ein Priester am Altar.
Um die Gerechtigkeit des Vaters
zu besänftigen, opferst du
deinen geliebten Jesus, den gütigen Emmanuel.
Ein Prophet hat es von dir gesagt,
du trostlose Mutter:
„Es gibt keinen Schmerz gleich deinem Schmerz."
O Königin der Martyrer,
du bleibst in der Verbannung

und verschenkst für uns freigebig
alles Blut deines Herzens.

Das Haus des heiligen Johannes
wird deine letzte Heimstatt;
der Sohn des Zebedäus hat Jesus ersetzt!
Dies ist die letzte Einzelheit,
die das Evangelium berichtet;
von der Jungfrau Maria spricht es nicht mehr.
Aber, geliebte Mutter,
enthüllt nicht sein tiefes Schweigen,
daß nunmehr das göttliche Wort selbst
die Geheimnisse deines Lebens besingen will,
um deine Kinder zu erfreuen
und alle Auserwählten im Himmel?

Bald werde ich diese süße Harmonie vernehmen;
bald werde ich hingehen,
um dich im schönen Himmel zu schauen.
Du, die du am Morgen meines Lebens kamst,
mir zuzulächeln,
komm, Mutter, nochmals mir zuzulächeln.
Sieh, der Abend ist da!
Ich fürchte den Glanz
deiner höchsten Herrlichkeit nicht mehr,
habe ich doch mit dir gelitten . . .
Und nunmehr will ich,
heilige Jungfrau, es auf deinen Knien singen,
warum ich dich liebe . . .
Und auf immer wiederholen,
daß ich dein Kind bin!

Anmerkungen

B = Therese Martin „Briefe". Johannes-Verlag Leutesdorf am Rhein, 1976[1].

G = Louis Guillet „Thérèse dans ma vie". Maison Mame, 1972.

LW = „Die letzten Worte der Theresia Martin". Kreuzring-Bücherei, Johann Josef Zimmer Verlag Trier, 1963[2].

MST = Céline Martin „Meine Schwester Therese", Verlag Herold Wien-München, 1961.

N = E. Neubert „Sainte Thérèse de l' Enfant Jésus et la Sainte Vierge", Editions Alsatia Paris, 1962.

P = P. Stéphane-Joseph Piat OFM „La vierge du Sourire", Office Central Lisieux, 1951.

SS = Therese vom Kinde Jesus „Selbstbiographische Schriften". Johannes Verlag Einsiedeln, 1958[5].

ZM = Zélie Martin „Briefe der Mutter der heiligen Therese von Lisieux", Johann Josef Zimmer Verlag GmbH Trier, 1972[1].

1 ZM 390 Anm. 1.
2 ZM 8.
3 ZM 12.
4 ZM 222 und 400 Anm. 79.
5 Vgl. SS 61 Anm.
6 ZM 222.
7 ZM 25.
8 Vgl. SS 61 Anm.
9 ZM 161.
10 ZM 367.
11 ZM 294 f.
12 ZM 357.
13 ZM 384.
14 ZM 382.
15 Vgl. S. 101.

16 Vgl. P 15.
17 Vgl. P 17.
18 ZM 107.
19 ZM 147.
20 Vgl. P 10 ff.
21 MST 103.
22 Vgl. P 75.
23 SS 3 f.
24 MST 79.
25 MST 79.
26 N 26.
27 Vgl. Manuscrits autobiographiques Faksimilie, Blatt 85.
28 N 42.
29 N 21.
30 SS 33 f.
31 LW 9.
32 SS 36.
33 SS 124.
34 LW 40.
35 Thomas von Aquin. Vgl. STh 1a, q 1, 3m: „Donum scientiae est in omnibus habentibus caritatem."
36 SS 58.
37 Vgl. SS 58 ff.
38 SS 61 ff.
39 SS 63 f.
40 Vgl. Schriften I 389.
41 B 364.
42 LW 125.
43 SS 74.
44 MST 103 f.
45 N 16.
46 SS 84 f.
47 Vgl. B 404.
48 B 86 f.
49 B 87 f.
50 B 214 f.
51 SS 109.
52 SS 109.
53 SS 109 f.
54 SS 161.
55 Vgl. B 119.

56 SS 123 f.
57 B 124.
58 SS 73.
59 SS 124.
60 SS 129.
61 SS 129 f.
62 SS 124.
63 SS 84.
64 B 223 f.
65 SS 151.
66 MST 52.
67 SS 207.
68 Vgl. SS 215.
69 LW 24.
70 LW 45.
71 B 120.
72 SS 169.
73 SS 165 f.
74 SS 169.
75 SS 169 f.
76 Procès de Béatification et canonisation, Bd II, S 471.
77 SS 255 f.
78 SS 280.
79 LW 93.
80 LW 92.
81 SS 176.
82 MST 145, vgl. LW 60.
83 LW 46.
84 SS 255.
85 B 337 f, vgl. 331, 343.
86 MST 103.
87 B 143 f.
88 Vgl. MST 104.
89 B 137.
90 Mt 19, 12.
91 B 234 f.
92 B 277.
93 B 174.
94 P. Theophan OCD, Lisieux-Brief 1978/1.
95 Vgl. S. 101.
96 B 269 f.

97 SS 279.
98 Vgl. SS 77 f.
99 B 278.
100 B 347.
101 SS 255 f.
102 P 48.
103 P 47 f.
104 P 48.
105 SS 124.
106 B 187.
107 LW 102.
108 Vgl. S 101 f.
109 LW 102.
110 Vgl. LW 97.
111 SS 274.
112 Lk 2, 35.
113 Lk 2, 51.
114 Lk 2, 50.
115 Lk 2, 33.
116 LW 100 f.
117 LW 101 f.
118 B 70.
119 SS 147.
120 B 246.
121 LW 61.
122 LW 96.
123 MST 40.
124 LW 39.
125 MST 61.
126 LW 65.
127 LW 26.
128 LW 103.
129 MST 60 f.
130 SS 202.
131 G 197.
132 MST 104.
133 LW 81.
134 SS 224.
135 LW 92.
136 LW 107.
137 MST 213.

138 LW 114.
139 LW 94 f.
140 LW 44.
141 LW 89 f.
142 LW 116.
143 LW 124.
144 LW 125.
145 LW 127.
146 B 346 f.
147 SS 254.
148 Vgl. S 103.
149 N 142 f.
150 N 146 Anm.
151 Vgl. P 103.

Inhaltsübersicht

Von demselben Verfasser sind im
Johannes-Verlag Leutesdorf erschienen:

Freude am Gebet
Theresia vom Kinde Jesus und das Gebet
1983. Sechste Auflage. 48 Seiten
Bestellnummer: A 811
ISBN 3-7794-0542-3

Mit Maria
Anregungen für eine marianische Lebensgestaltung
1984. Zweite Auflage. 64 Seiten. Kunststoffumschlag
Bestellnummer: M 133
ISBN 3-7794-0623-3

Lobpreis für Maria — Gedichte
1980. 44 Seiten. Mehrfarbiger Bildumschlag
Bestellnummer: M 129
ISBN 3-7794-0768-0

Die Marienverehrung des heiligen Pfarrers von Ars
1964. Zweite Auflage. 40 Seiten
Bestellnummer: H 624
ISBN 3-7794-0869-4

Wenn ich an Jesus denke — Gedichte
1984. 64 Seiten. Mehrfarbiger Bildumschlag
Bestellnummer: C 12
ISBN 3-7794-0804-x

Du lebst, du lebst, allmächtiger Gott! — Gedichte
1984. 64 Seiten. Mehrfarbiger Bildumschlag
Bestellnummer: A 172
ISBN 3-7794-0903-8

Zu beziehen durch die *KSM*
Katholische Schriften-Mission, D-5451 Leutesdorf